如何吸引客户

动机因素分解训练手册

[日] 山口博◎著　孙律◎译

中国纺织出版社 | 国家一级出版社
全国百佳图书出版单位

原文书名：クライアントを惹き付けるモチベーションファクター・トレーニング
原作者名：山口博 (Hiroshi Yamaguchi)

著作权合同登记号：图字：01-2017-7138

图书在版编目（CIP）数据

如何吸引客户：动机因素分解训练手册 /（日）山口博著；孙律译.—北京：中国纺织出版社，2019.8
ISBN 978-7-5180-4588-4

Ⅰ.①如… Ⅱ.①山…②孙… Ⅲ.①销售—方法
Ⅳ.① F713.3

中国版本图书馆 CIP 数据核字（2017）第 329826 号

策划编辑：陈 芳　　责任校对：王花妮　　责任印制：储志伟

中国纺织出版社出版发行
地址：北京市朝阳区百子湾东里 A407 号楼　邮政编码：100124
销售电话：010 — 87155894　传真：010 — 87155801
http: //www.c-textilep.com
E-mail: faxing@c-textilep.com
中国纺织出版社天猫旗舰店
官方微博 http://weibo.com/2119887771
北京玺诚印务有限公司印刷　各地新华书店经销
2019 年 8 月第 1 版第 1 次印刷
开本：148×210　1/32　印张：5.375
字数：98 千字　定价：45.00 元

前言

当场付诸行动、加以再现
世人对“分解技巧、反复演练”的兴趣越来越浓

笔者从事人才开发已达20多年，在为企业和组织培训时，常能听到下列疑惑的声音：“道理虽能理解，却不清楚是否对业务有用”、“意思虽然明白，但是不知自己能否效仿”……时至今日，连自身都难免受其影响。

为此，笔者致力于“不必大谈理论也可对业务有益”、“道理不必多说，当场可以再现”的研究。起步不过区区数年，客户的委托已是纷至沓来。

笔者将其取名为“分解技巧、反复演练的能力开发培训”。顾名思义，它把人们需要掌握的技巧加以分解，然后进行反复演练。作为企业和组织的培训课程，它极力排除大谈特谈理论和道理，堪称别具一格。

金融、保险行业人才培养的变革前兆

然而，世人对该培训课程的兴趣越来越浓。如今，日本每年约有100家企业、3000名员工参与其中。它被广泛用于各类企业进修，如丰田集团及关联企业的董事

和管理层、三得利集团的销售代表、第一生命保险公司的业务管理人员、八十二银行的职员以及静冈银行的客户等。

金融、保险行业曾经是保守和因循守旧的代名词，如今此类培训委托与日俱增，笔者从中深切感受到行业变革的前兆。

历经20年的发展和调整，“分解技巧、反复演练的能力开发培训”已发展到30章180节。本书从中筛选金融、保险行业最为迫切渴求的6章30节，并以图解的方式进行阐述。

不注重知识和理论，而是革命性地分解行动并演练

2016年4月至2017年3月，笔者于一般社团法人金融财政事务研究会出版的《KINZAI财务计划》发表连载文章——《掌控客户的引导训练》。本书立足于此，并结合最新信息编制而成。

本书并不是讲述笔者身为顾问的见识，也不以解释理论为目标，而是立足于参加该课程的商务人士在演练中的大量精彩表现，列举众多事例。此外，笔者于第一生命保险、瑞穗银行、英国保诚集团、宏利人寿保险等公司的销售及商务经历也构成了本书的重要一环。

因此，如果只是为了吸收知识和理论，本书并不合

适。但是，假如抱着“促进业务开展”、“希望效仿实施”的初衷，本书定能助你一臂之力。

本书介绍动机因素及业务拓展

本书旨在讲解金融、保险最为急需的研究成果，尤以识别动机因素的营销手法为最。基于优秀业务代表的心得体会，从整个公司相关的业务方式出发，直到为金融、保险行业的销售带来翻天覆地的变化。

第1章解释什么是动机因素。第2章讲解如何识别自身及对方的动机因素，并且首度对外公开训练的方法。以动机因素为基础，从业务吸引（第3章）、客户掌控（第4章）、亲近（第5章）等环节分析，提升整体销售水平。

本书介绍的研究成果立足于金融中介职能的特色，对于非金融领域人士提升应对客户的能力尤为有效。笔者列举的事例虽然主要着眼于金融、保险行业的业务开发，但相信对于各行各业的商务人士均有所帮助。第6章重点讲解通用技巧，不受行业、职业和职位的限制。

随着本书所宣讲的“分解技巧、反复演练”不断普及，若能为企业的进一步发展增添一臂之力，笔者将不胜欣喜。

什么是动机因素
识别方法
业务吸引
掌控技巧
亲近
课题解决
动机因素

目录

第 1 章 动机因素改变业务

第 2 章 如何识别动机因素

第 3 章 基于动机因素的业务吸引

第 4 章 与客户建立亲密关系的掌控技巧

第 5 章　通过提问亲近对方，必能实现签约

第 6 章　立足动机因素解决问题

第1章

动机因素改变业务

本 章 要 点

图解 1 什么是动机因素
理解动机因素的种类

图解 2 忽视动机因素的后果
介绍忽视动机因素之后会发生的状况

图解 3 如何识别自身的动机因素
介绍识别自身的动机因素的方法

图解 4 动机因素的偏差调整
了解识别动机因素时容易产生的偏差

图解 5 消除偏差的方法

本章前言

为了提升领导能力和管理能力，每年约有100家企业、3000名员工加入“分解技巧、反复演练能力开发培训”。询问报名的原因，发现“管不好下属”、“无力掌控客户”的呼声甚高。历经20年的推陈出新，笔者切身感受到学员交流的次数和话题的深度也是与日俱增。

针对管理和销售的进修班如今已是屡见不鲜，不过大多注重理论和方法的讲解，实际收效甚微。此外，注重表现和影响力的谈话技巧培训也是风靡一时。虽然它教给人们的确属必备技能，但与笔者推行的“分解技巧、反复演练”一比，明显存在不足。

通过“分解技巧、反复演练”可以得知，无论是经理对于下属的管理之道，还是业务代表面对客户的能说会道，最关键的核心不在于谈话技巧的表现和影响力，而是识别对方动机因素的能力。

反复演练有助于增强动机因素的识别能力，由此，经理统率有方、业务代表左右逢源。在识别他人动机因素之前如何看清自身的动机因素，这是本章的核心内容。

- 经理管不好下属
- 企业经营者无法驾驭员工
- 企业并购时发起方难以整合被并购的一方
- 业务代表无力掌控客户
- 客服对投诉手足无措
- 窗口岗位面对客户的申请手忙脚乱

- 讲解管理学理论
- 传播销售技巧

·
·
·

问题没有解决……

通过分解技巧和谈话方式发现本质原因

识别动机因素

首先……

看清自身的动机因素

图解1 什么是动机因素

人有6种动机因素

“身为经理却管不好下属”、“业务代表无力掌控客户”……此类抱怨经久不息，只因不能识别对方的动机因素。反之，若能掌握摸清对方动机因素的技巧，管理下属和掌控客户也就容易许多。

动机因素因人而异，是提升干劲的重要元素。基于20年国内外企业和组织“分解技巧、反复演练”的实践，笔者将此分成6类：目标达成、自律斟酌、地位权限、协调他人、安定保障、公私平衡。

而且，笔者进一步将“目标达成”、“自律斟酌”和“地位权限”这三类动机因素定义为“意向牵引”。与之相对，“协调他人”、“安定保障”、“公私平衡”这三类则冠名为“意向协调”。一种说法把这两大类称之为“食肉型”和“食草型”，另一种说法则起名为“狩猎型”和“农耕型”。笔者曾将此研究试行于有中国硅谷之称的中关村，有朋友建议说，在中国用“狼性”和“羊性”来形容或许更为贴切。

总之，它是人们提升干劲、激发斗志的源泉。

意向牵引（食肉型、狩猎型）		
目标达成	自我斟酌	地位权限
意向协调（食草型、农耕型）		
协调他人	安定保障	公私平衡

动机因素的特征

“目标达成型”的人更容易通过挑战自我、达成目标的方式获取动力。

“自律斟酌型”的人在被指派任务或者按照自身想法行事时更能激发斗志。

“地位权限型”的人越是位高权重越是干劲十足。

以上三类人群善于引导团队成员，喜欢尝试买入新商品，适合业务创新开发。

“协调他人型”的人重视与团队其他成员构建良好关系。

“安定保障型”的人不喜欢冒险、满足并维护环境的安定。

“公私平衡型”的人善于平衡公私关系、调整自身的斗志。

以上三类人群长于打造与他人团结合作的体系，喜欢购入深受大众喜爱的商品，注重按部就班地开展业务。

意向牵引的关键词

意向牵引（食肉型、狩猎型）		
目标达成	自我斟酌	地位权限
个人成长 工作挑战 冒险 达成	自律 艺术性 自身规律 创造性	权威 认知 经济无忧 事业有成

意向协调的关键词

意向协调（食草型、农耕型）		
协调他人	安定保障	公私平衡
社会关系 协调 归属感 社会交流	劳动环境 稳定性 一贯性 安全	舒适感 家族 事业与工作的平衡 多样性

动机因素并无好坏之分

动机因素因人而异。笔者将曾经参加“分解技巧、反复演练”的约1000名学员进行分类，把全国各行各业的商务人士通过反复演练的方式筛选动机因素，结果发现意向牵引型和意向协调型基本各占一半。

在笔者看来，这些动机因素并无好坏高低之分。人心本就各异，展开具有针对性的管理和推销手段或许效果更佳。一旦背离动机因素，管理和推销便会困难重重。

掌握易于提升动力的要素，管理和推销自然不在话下，调动和掌控对方也就容易许多。

意向牵引（食肉型、狩猎型）			意向协调（食草型、农耕型）		
51.4%			48.6%		
目标达成	自我斟酌	地位权限	协调他人	安定保障	公私平衡
20.2%	16.8%	14.4%	21.4%	9.0%	18.2%

注 根据“分解技巧、反复演练能力开发研究组”1114 名学员的演练结果统计。

图解 2 忽视动机因素的后果

忽视动机因素的表述

例如，面对只想休假和按时下班的员工，目标达成型的上司希望共同树立成就感："放弃休假继续工作嘛"、"熬夜加班吧"。然而，无论怎样激励，部下都是一脸迷惑。

如果团队成员属于公私平衡型，"制定工作和休假的计划、到XX之前完成目标"的要求或许可以让下属稍稍振作。但是，如果能基于动机因素的合理引导显然能更胜一筹。

"请发挥领导才能，合理分配工作让我去做。"在此类下属的眼中，上司理应统帅全局、排忧解难。如果管得太细，"每天都要汇报和商量"、"一定要按照上司的建议与客户联系"，只会招致下属的反感。

面对自律斟酌型的下属，理想的表达方式就是："这事就交给你了，有问题随时商量。"

经理与下属、企业经营者和员工、兼并与被兼并的企业、业务代表和客户……管理和交流困难重重只因不能识别彼此动机因素所致。

经理	下属
目标达成	公私平衡
	“想早点下班”
“熬夜完成目标吧”	
	“不得不做”
	表现不佳

经理	下属
公私平衡	公私平衡
	“想早点下班”
“制定工作和休假的计划、到XX之前完成目标吧”	
	“不做不知道，试着努力一下吧”
	表现提升

忽视下属动机因素的表述不胜枚举

有些经理和业务代表无法识别动机因素，反而一意孤行。“我只要管好自己的动机因素，而且只和同类因素的下属打交道就行了。”“只要按自己的方式来，商品只卖给合适的客户即可。”如此一来，管理和推销的碰壁也在情理之中。

此外，有心识别动机因素，结果判断有误，基于误解的错误表述也是屡见不鲜。

再者，虽然看清了对方的动机因素，依然表达不准确。或者，从“分解技巧、反复演练”的实际结果来看，大多数人还是按照自身的动机因素与之交流。

掌握本书配图介绍的技巧之后，彻底认清动机因素的能力自然大为提升。

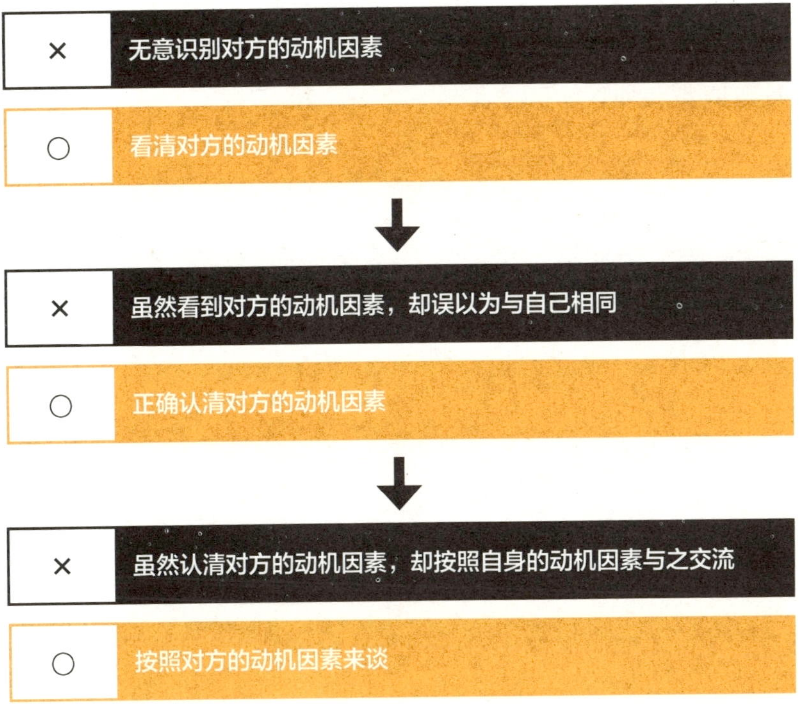

环境变化对动机因素和领导能力的必要性

话虽如此，完全不同的反应也是不为少数。例如，“若想做好业绩就得留意客户的动机因素，真是太麻烦了！”“堂堂经理为什么要顾虑下属的动机因素？”……

基于20年商务经验以及对“分解技巧、反复演练”参加人员的观察分析，笔者认为，以往顾客和下属的意向多样性有些受限，因为信息集中于商品或服务的提供方即管理方。

不过，如今顾客和下属的想法多种多样，信息也是漫天飞舞，但这并不代表传统的推销和管理之道再无用武之地。对于领导能力训练来说，识别顾客和下属的动机因素堪称重要一环。

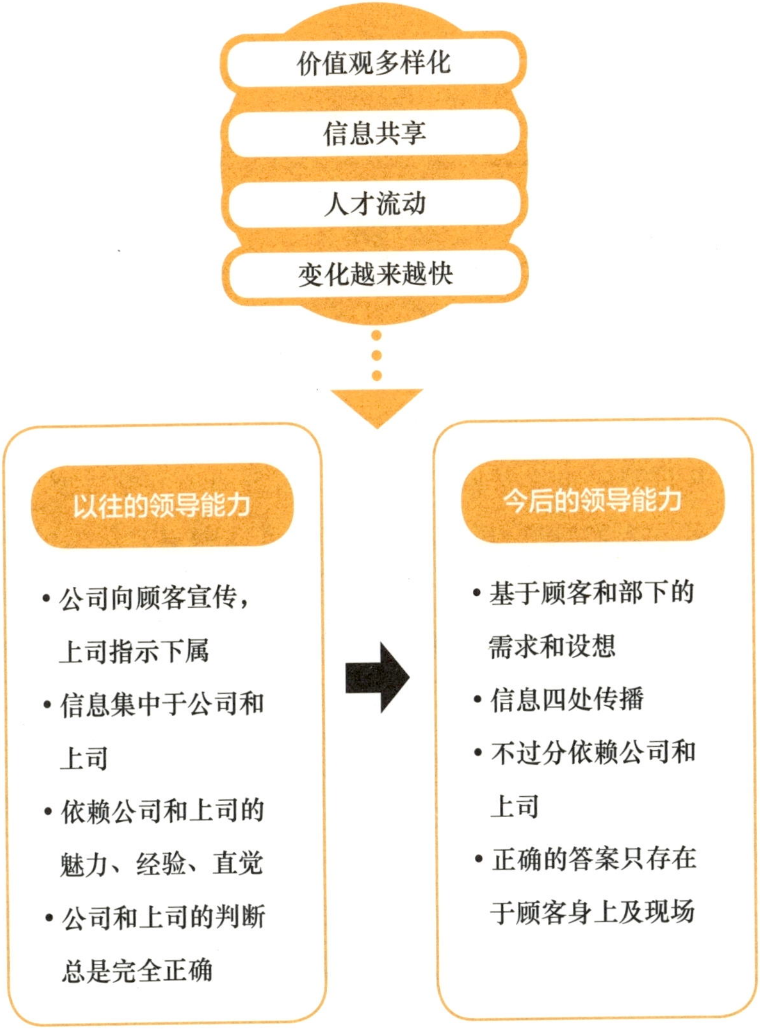
价值观多样化
信息共享
人才流动
变化越来越快
以往的领导能力
• 公司向顾客宣传，上司指示下属
• 信息集中于公司和上司
• 依赖公司和上司的魅力、经验、直觉
• 公司和上司的判断总是完全正确
今后的领导能力
• 基于顾客和部下的需求和设想
• 信息四处传播
• 不过分依赖公司和上司
• 正确的答案只存在于顾客身上及现场

图解 3 如何识别自身的动机因素

你是否了解自身的动机因素呢？

通过对动机因素的介绍，读者朋友想必对此略有概念。接下来，笔者将具体讲解动机因素的识别方法。

从识别的角度来说，最难的无疑是自己认清自身的动机因素。人们常说“其实我们并不真正了解自己”，这里的“其实”耐人寻味。按说最了解自身的人只能是自己，但是我们万不可盲目自信。而且，这也并不代表别人就更了解自己。

关于“目标达成”、“自律斟酌”、“地位权限”、“协调他人”、“安定保障”、“公私平衡”这6点动机因素，请按照自身认为的强弱程度打分，6分代表毫无影响。

结果，构成意向牵引的“目标达成”、“自律斟酌”、“地位权限”与构成意向协调的“协调他人”、“安定保障”、“公私平衡”相比，得分总和略少。于是，在意向牵引和意向协调这两栏内，给总得分少的那栏画上○，具体如图所示。

例

目标达成	自我斟酌	地位权限	协调他人	安定保障	公私平衡
1	2	6	3	6	4
意向牵引（食肉型、狩猎型）			意向协调（食草型、农耕型）		
○					

请试着填写吧

目标达成	自我斟酌	地位权限	协调他人	安定保障	公私平衡
意向牵引（食肉型、狩猎型）			意向协调（食草型、农耕型）		

通过动机卡识别自身的动机因素

在实施“分解技巧、反复演练”时，笔者会借助动机卡来帮助学员亲自找出自身的动机因素。经过20年来的发展演变，动机卡也在不断推陈出新。

在尝试各种办法之后，笔者认为最能有效识别动机因素的莫过于此：列举24条对应动机因素的行为或嗜好，分别写在卡片上。然后按照自身认为的重要程度从1到8打分，

8分意味着最为重要。这24枚卡片分别对应6种动机因素之一，统计总分之后，自身的动机因素也就一目了然。

完全跟着感觉打分，短短3分钟就能轻松找出答案。而且，这样得来的结果也不存在主观倾向性。

首先选出自认为最重要的8枚卡片，然后再把这8枚按重要程度排序……这样的分解深得“分解技巧、反复演练”的精髓，有助于在短时间内有效得出结果。

动机卡的首次公开

笔者对于“分解技巧、反复演练”的内容毫无保留，或是于新闻媒体连载，或是举办讲座，只希望学员能有所收获。不过，接下来要介绍的动机因素识别方法却是首次公开，若能活学活用，相信可以大大提升你的管理能力。

在第18页中，笔者列举了24条行为和嗜好。然后，选择并填写“自认为重要的8项”。当然，根据自身情况筛选，未必非要挑出8项不可。

接下来，8个项目按照重要性打分，8分最高代表最重要。这回不会出现相同的分数，所以或许你会有些迷茫，但请务必分出高低优劣。

以上步骤建议在3分钟完成，推荐用手机或秒表计时。各位读者朋友是否跃跃欲试了呢？那么，请翻到下一页，让我们开始吧。

填表说明

此动机测试可分两步完成，对应后面两个表。

首先在第 18 页的表中，选择自身认为重要的 8 项，按照重要性打分，8 分最高。

是否在 3 分钟内完成呢？不必多想，凭直觉选择，如此效果更佳。

接下来，让我们来看看结果吧。对应到第 19 页的表中， 8 个项目的各自得分、对应哪些动机因素，答案一目了然。

把各项的打分填入第 19 页的空白部分。空白部分表示各项对应的动机因素。而且，把 6 类动机因素的分值总和填入合计栏吧。按照得分高低便可明了哪些动机因素影响更大。

此外，把“目标达成”、“自律斟酌”、“地位权限”对应的汇总分值填入合计栏。“协调他人”、“安定保障”、“公私平衡”也是如此。

你是意向牵引型还是协调型，答案一目了然。

识别动机因素

		自认为重要的8项	8项按1～8打分
1	团队齐心协力工作，与同事关系亲密		
2	工作顺心、工作环境良好		
3	独自行动，自己决定一切		
4	收入提升		
5	成为领导，为周围的人指明方向		
6	发挥潜力和能力，圆满完成工作		
7	稳扎稳打地工作		
8	甘冒风险，挑战成功		
9	接触世间的美好，致力于美的创造		
10	从事稳定的工作，把风险降到最低		
11	坚定自身信念，端正工作态度		
12	按部就班工作，保持连贯性		
13	获得认可和赞赏，表现与众不同		
14	团队合作，互帮互助		
15	立足自身意向，实现个人成长		
16	在公司及区域内被认可		
17	弹性工作，确保陪伴家人的时间		
18	稳定的工作及收入		
19	职业轨迹呈上升趋势		
20	不固守一份工作，富含变化		
21	顺乎心意，公私兼顾		
22	绝不单枪匹马，注重与他人的沟通		
23	探索新的设想，推动工作创新		
24	了解自己的长处，不做没有结果的事		

	意向牵引			意向协调		
	目标达成	自我斟酌	地位权限	协调他人	安定保障	公私平衡
1						
2						
3						
4						
5						
6						
7						
8						
9						
10						
11						
12						
13						
14						
15						
16						
17						
18						
19						
20						
21						
22						
23						
24						
合计						

图解 4 动机因素的偏差调整

愿望的偏差

比较一下第18页的排位和第19页的得分，一个是自认为符合自身的动机因素，另一个则是给24个选项打分、统计得出的动机因素，两者难免存在偏差。

当然，结果完全一致也不乏其人。

观察“分解技巧、反复演练”的学员统计结果，80%可以做到两者完全一致。根据笔者的经验，因为给24项选择及打分的办法加上了3分钟完成的限制条件，人在压力之下更容易跟着感觉走，更能如实反映出自身真正的动机因素。

相比之下，无论测试人员主观是否留意，第18页的排序法难免会受到自身愿望的影响。如果两种测试的结果并不相符，说明测试人员在理想与现实之间还存在空白。

自认为符合自身的动机因素

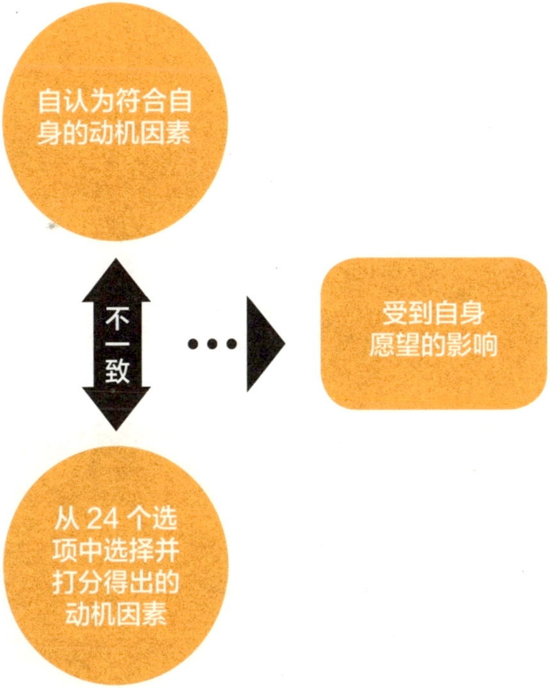

了解动机因素，提升自我表现

对自身动机因素了解和不了解的人群进行比较，临场表现也是大为不同。

其实道理不难理解。所谓了解，自然包括清楚认识到如何激励自我。如此一来，鼓足干劲并非难事。即便面对难关，也相对容易激发斗志，寻求解决的办法。问题圆满解决，表现自然值得称道。

因此，笔者将“分解技巧”视为识别动机因素、提升自我表现的核心。在读完本书之后，相信读者朋友可以掌握这项最为重要的技巧、完美展现自我。

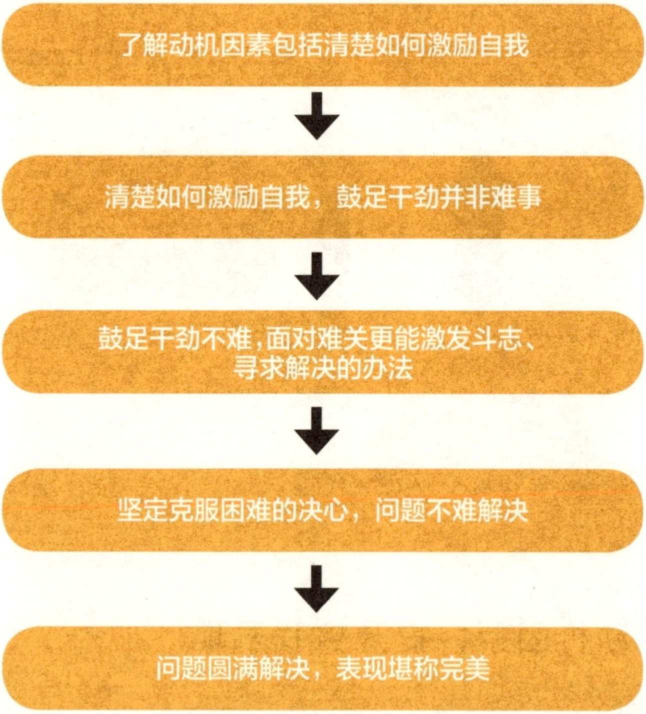

图解 5 消除偏差的方法

描绘理想和认清现实的分解

无论是否有所认识，商务人士基本都有展示自身良好一面的倾向性。即便看清自己的动机因素，不少人依然选择反复演练、打扮成理想的自己。

人既要可以描绘理想，也要能够认清现实。一旦混为一谈，两者无从区分。所以，我们需要加以分解，明晰何为理想、何为现实。以下图示的自问自答对于排除倾向性具有显著的效果。

发现跑偏的倾向

排除倾向性的方法

• 短时间内	• 认清事实尤为重要
• 凭感觉	• 不必故意向他人展示
• 与好坏无关	• 不图别人的赞扬
• 不掩饰自己	• 按自身意愿行事

在认清现实之前，人们往往在不经意间陷于偏见。世人标榜自身无论何时都能不偏不倚，但真能做到的为数不多。

在笔者看来，所谓不偏不倚就是及时发现自身跑偏的倾向并加以修正，做到客观、全面地把握事实。

以下所列是笔者专门设计、用以查明跑偏倾向的清单，相信对读者朋友大有帮助，请务必对照自身查看。如有对号入座的情况，今后待人接物时需有意识地进行修正。

当然，这张对照表不必向他人出示。它也并不反映自身的好坏优劣，仅为你提升技能所用。

倾向	内容	对照
强调	看到一点好（坏）的方面就断言他人好（坏）	
模棱两可	貌似不偏不倚，其实“两头都不得罪”	
宽大	宽以待人	
严格	挑剔别人	
擅长	以自身为尺度，擅长的就挑剔，不擅长的就宽松	
推论	不去确认现实，凭推论下结论	
就近	对于最近的事物予以重视并下结论	

第2章

如何识别动机因素

本 章 要 点

图解 6
识别自身动机因素的方法
发挥领导能力的方法

图解 7
识别对方动机因素的方法
掌握识别对方动机因素的方法

图解 8
看清对方的动机因素
进一步识别对方的动机因素

图解 9
各行业动机因素的分布
各行业动机因素的特征

图解 10
金融、保险行业的动机因素
掌握金融、保险行业商务人士识别动机因素的方法

本章前言

为了鼓足干劲，首先需要找出可以激励自己的动机因素。弄清这些要素，然后围绕它们做足文章、激发自身斗志。

同理，若要给他人打气，只需找出对方容易调动的动机因素，并且使其充分发挥作用。

一蹴而就地看清对方的动机因素不太现实，不如按部就班：首先识别自身的动机因素，然后如法炮制，发现对方的动机因素。最了解自身的正是自己，此前如何找出自身的动机因素，现在只需换位思考、推己及人，便可看清对方的动机因素。

不过，在识别自身动机因素的时候，保持客观至关重要。我们需要如实、公正地发现自身被哪些动机因素左右，而不是希望自己被哪些因素影响。

其实，相比于审视自我，评估他人更容易做到客观。换言之，如能客观识别自身的动机因素，观察对方就更不在话下。

客观审视

自身→识别自身的动机因素

客观审视

自身 →识别对方的动机因素

图解 6 识别自身动机因素的方法

提升动力，翻越障碍

了解自身的动机因素，表现也会有所改善。若能实现这点，我们就不会因为环境的变迁和困难的存在而轻言放弃，换言之，可以更好地引领自身。

在推行“分解技巧、反复演练”时，笔者常常听到学员的各类疑问，例如，“怎么做才能发挥领导力”、“虽然参加过培训，实际还是无从下手”……

对此，笔者的回答素来是：采取果断措施，首先引领自身。

无论公事还是私事，碰壁在所难免。若想翻越高墙，我们要有比之更高的动力。掌握提升动力的技巧之后，翻越障碍的可能性大为提高。反之，如果对激发斗志一筹莫展，难免束手束脚，潜意识中其实已经放弃了。

世间许多企业都有流年不利之时，它们的特征便是动力不足。一旦陷于逆境，毫无翻越障碍的斗志，连研究对策的决心都没有，只能寄希望于他人。这实际和缴械投降没什么两样，结果只会越来越糟。

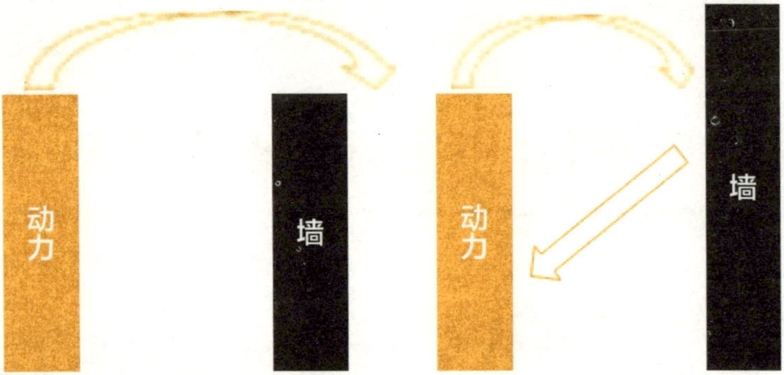

意向牵引比意向协调更能抓住解决问题的源头

关于引领自身，我们不妨举个例子，背景假设为“基于金融市场的不稳定，导致困难重重”。

至于具体有哪些困难，基于业务分工的不同，各业务人员想必也是七嘴八舌。笔者在“分解技巧、反复演练”的课堂上对此也多有耳闻。

因此，如果不能识别动机因素，怎样解决问题？究竟如何是好？为此，必须抓住这一切的源头，继而研究对策。

相比之下，意向牵引比意向协调更能抓住解决问题的源头，堪称最简单的办法。

如果确定自己属于意向牵引型，置身于混沌不安的局面，那就从是否可以确立目标、是否还有自律斟酌的余地、是否可以争取权限以做出贡献的角度进行分析。

假如明确自身属于意向协调型，面对困境，那就从是否可以和其他团队协调解决、是否可以找出原理或原则、是否可以构建稳定的运营体制入手。

通过自身的动机因素解决问题

具体来说，在“目标达成型”的人群看来，金融市场动荡不安未尝不是机会。他们会积极寻找新的目标，以此获得动力。

一旦受托寻找攻克难关的对策，“自律斟酌型”的人群自感重任在肩，更能干劲十足地积极工作。

对于“地位权限型”的人群来说，赋予一定的权力或许效果更佳。

“协调他人型”的人群习惯于与其他团队成员、部门通力合作，明确分工、共商对策是他们喜欢的节奏。

“安定保障型”的人群善于找出动荡不安的根源，继而探索解决的办法。

越是面对困境，“公私平衡型”的人群越会激发潜能、寻求公私兼顾之道，确保业务顺利展开。

综上所述，若能看清自身的动机因素，一旦身处困境，便会创造最适合自身发挥的有利条件。无论对于个人还是团队来说，这都有助于取得良好的结果。

基于金融市场的不稳定导致困难重重

动机因素	思路
目标达成	金融市场动荡不安未尝不是机会，积极寻找新的目标
自律斟酌	受托寻找克服难关的对策，重任在肩，干劲十足
地位权限	如何打开局面？赋予一定的权力或许效果更佳
协调他人	与其他团队成员、部门通力合作，明确分工，共商对策
安定保障	找出动荡不安的根源，探索解决的办法
公私协调	越是面对困境越会激发潜能、寻求公私兼顾之道，确保业务顺利展开

图解 7 识别对方动机因素的方法

如何识别对方的动机因素

在笔者讲解如何识别自身的动机因素、如何巧用自身的动机因素解决问题之后，读者朋友是否存在疑问？

“分解技巧、反复演练”进展到这个阶段时，笔者有50%的概率会面对以下问题：“在了解自身动机因素的识别方法之后，如何才能识别对方的动机因素呢？”

通常，笔者会反问大家：“诸位平时怎样观察对方的动机因素？或者，今后打算如何识别？”

请读者朋友也好好考虑一下。根据笔者20年推行“分解技巧、反复演练”的经验，围绕当前方法是否最为有效展开思考，学员们或许可以发现效果更佳的办法。通过博采众长实现集思广益、推广最优方案，这点至关重要。

为了识别对方的动机因素，应该采取怎样的方法？怎样的方法效果最佳？	
1	
2	
3	
4	
5	

通过对方的举动识别动机因素

如何识别对方的动机因素，以下列举了几位学员的答案。在笔者看来，这些都是效果不错的方法。

通过对方的举动识别动机因素本身可行，而且不会给对方带来压力，这需要观察者掌握一定技巧。

以6种动机因素提问并加以对照，由于按部就班且费时费力，识别度虽然不错，但是也给对方带来不小的压力。

如果与对方比较亲近，后者或许效果更佳。通常来说，前者在商业交流中更为实用、多见。

- 通过对方的话语识别动机因素
- 通过对方的行为识别动机因素
- 询问对方最关心什么，找出对应的动机因素
- 询问对方赞成和反对什么，找出对应的动机因素
- 询问对方6种动机因素哪个最重要
- 询问对方可以接受多高的目标
- 确认对方可以接受怎样的微管理
- 询问对方的职业规划，确认进取心
- 询问对方对于跨部门项目的汇总工作具有多大兴趣
- 确认对方关于风险回避计划的重视程度
- 确认对方怎样获得带薪休假

图解 8 看清对方的动机因素

通过举动推测动机因素

接下来，我们试着演练从对方的举动中识别 6 种动机因素吧。

假设对方的表现如下图所示，分别对应哪种动机因素呢？请根据自身的判断给对应的那条画上○。

	意向牵引			意向协调		
他人的举动	目标达成	自我斟酌	地位权限	协调他人	安定保障	公私平衡
重视家庭，注重工作与生活的平衡						
强烈渴求获得肯定、赞赏						
善解人意，重视团队合作						
对他人的请求难以拒绝						
注重工作或生活的连贯性						
想象力丰富，喜欢新的挑战						

考虑的时间控制在1分钟内，尽量不要多想。在机会稍纵即逝的商界战场，犹豫不决往往导致痛失良机，所以我们必须习惯迅速做出反应。填写完毕后，请对照第37页的答案。

日本商务人士推测的动机因素

这份答案并不是源于某种理论或学说，纯属笔者的一家之言。“分解技巧、反复演练”每年吸引100家企业、3000名学员参加，在统计学员们的推测数据后，笔者得出这样的结论。可以说，这份答案代表了日本商务人士的普遍想法。

“重视家庭，注重工作与生活的平衡”，这是典型的公私平衡表现。

“强烈渴求获得肯定、赞赏”，这说明希望通过他人的认可以获取更高的地位和更多的权限，所以属于地位权限型。

“善解人意，重视团队合作”，这堪称协调他人型的模板吧。

“对他人的请求难以拒绝”，这反映出重视责任和委托，对应自律斟酌。

“注重工作或生活的连贯性”，这显然是安定保障型的心态。

“想象力丰富，喜欢新的挑战”，这多半可以理解为通过新的挑战达成目标，所以可归为目标达成型。

或许你会有不同的解读，但不必为此心灰意冷。与全国商务人士的普遍想法是否一致并不重要，自身的见解才真正值得关注。至少，你的观点与众不同，觉得另一种动机因素表现得更为明显。

	意向牵引			意向协调		
他人的举动	目标达成	自我斟酌	地位权限	协调他人	安定保障	公私平衡
重视家庭，注重工作与生活的平衡						○
强烈渴求获得肯定、赞赏			○			
善解人意，重视团队合作				○		
对他人的请求难以拒绝		○				
注重工作或生活的连贯性					○	
想象力丰富，喜欢新的挑战	○					

答案未必只有一个

此外，感觉模棱两可、难以选择的人也不为少数，更有甚者觉得可以打上两个○。一项举动对应两个以上的动机因素，这在笔者看来颇有研究价值。

事实上，笔者并没有给出“只能选一个”的前提条件，是测试人员下意识地给自身设限。当然，许多社会上的进修培训都不遗余力地宣讲如何选出一个最优答案，难免也让大家形成惯性思维。

不过，笔者认为，费时费力、绞尽脑汁地只选一个并不可取。“‘目标达成”有之，“地位权限”好像也有、“安定保障”和“公私平衡”并不冲突……现实中，两类、三类动机因素并存的情况更为多见，只要不是把两个毫不相干的动机因素混为一谈，例如把“公私平衡”理解为“目标达成”即可。

与其纠结于只选一个，倒不如锁定两个目标、迅速采取行动。

	意向牵引			意向协调		
他人的举动	目标达成	自我斟酌	地位权限	协调他人	安定保障	公私平衡
重视家庭，注重工作与生活的平衡						○
强烈渴求获得肯定、赞赏	△		○			
善解人意，重视团队合作				○		
对他人的请求难以拒绝		○		△		
注重工作或生活的连贯性			△		○	
想象力丰富，喜欢新的挑战	○	△				

图解 9 各行业动机因素的分布

动机因素的分布

“分解技巧、反复演练”的学员动机因素统计请见下页。从中可知，日本商务人士的动机因素分布大体均等。

“公开课”指的是和笔者一样举办公开演讲、授课的人群。作为创新性的行为变革研究，主办者和参加者的动机因素多为“目标达成”，所以与意向牵引相关的数据高于商务人士的均值。

根据“分解技巧、反复演练能力开发研究组”1114 名学员的演练结果得出如下分布图。

“分解技巧、反复演练”学员动机因素分布

（以百分比计：%）

职业	意向牵引			意向协调			意向牵引	意向协调
	目标达成	自我斟酌	地位权限	协调他人	安定保障	公私平衡		
IT	25.3	16.7	22.1	13.4	4.8	17.6	64.1	35.9
公开课	24.1	20.3	15.4	18.8	6.1	15.3	59.8	40.2
咨询	23.7	20.0	15.6	16.1	4.1	20.5	59.3	40.7
汽车	19.5	19.2	16.2	22.2	7.4	15.6	54.8	45.2
饮料	19.6	15.8	17.9	23.1	7.2	16.3	53.3	46.7
教师	20.5	20.1	9.6	25.7	8.6	15.5	50.2	49.8
大学生	19.4	14.7	15.6	21.6	10.6	18.0	49.7	50.3
医药	17.0	14.2	11.9	23.9	12.9	20.1	43.1	56.9
保险	14.1	7.7	19.9	12.0	17.0	29.3	41.7	58.3
公务员	16.8	15.7	7.1	27.3	10.7	22.4	39.7	60.3
银行	15.0	10.2	13.2	26.4	8.0	27.3	38.4	61.6

由若衫将（法政大学）、吉田早阳（东京大学）于2017年5月调查、统计。

各行业动机因素

让我们按行业观察“分解技巧、反复演练”学员的动机因素吧。例如，银行职员倾向于意向协调型，尤以“协调他人”和“公私平衡”最为明显。

保险公司的员工也属意向协调型，但主要表现为“安定保障”和“公私协调”。

无论是银行职员，还是保险公司的员工，均获取客户资产并加以妥善使用，并且通过完善的流程深得客户信任。所以，这样的类型及表现也是理所当然的。

总之，各人的动机因素因其职业和工作内容可能大为不同。只有正视这个前提条件，识别方有可能。

意向牵引

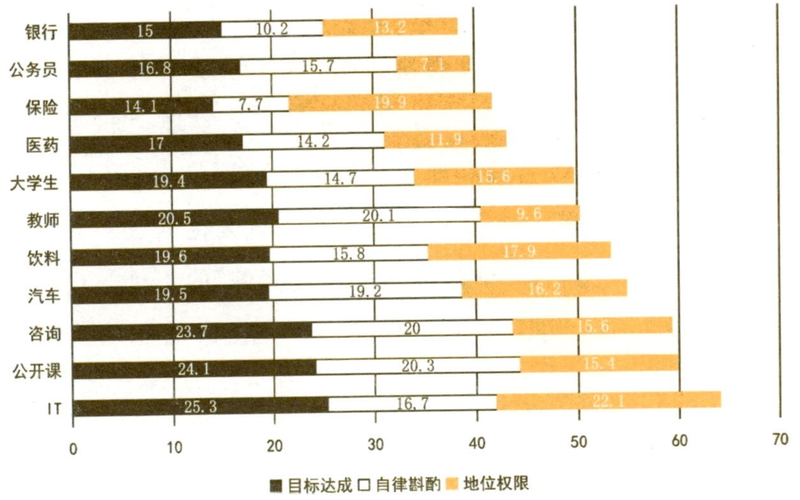

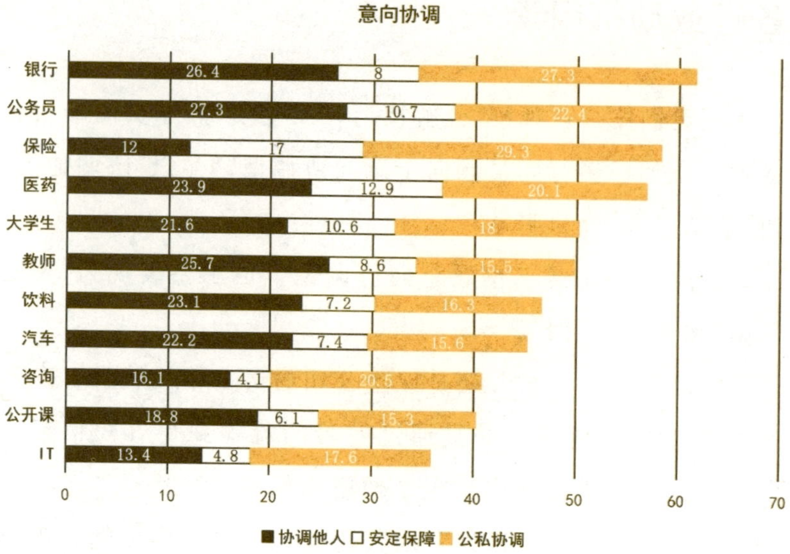

行业差距大于职位差距

从行业、职业、职位的角度分析动机因素，可以得知，行业差距最大，职业差距其次，职位差距最小。

换言之，IT和金融的行业差别最大，管理型和事务型的职业区别其次，管理和非管理的职务差距最小。

动机因素随职位升迁而相应变动。这则论断已被大众奉为至理名言，甚至连“分解技巧、反复演练”的不少学员也这样认为。然而，相比于行业差距，职位掀起的变动其实幅度不大。

在笔者看来，仅此一点足以证明日本公司的企业文化对员工具有重大影响。

图解 10 金融、保险行业的动机因素

从金融、保险行业从业人员的举动识别动机因素

为了实现上司有效管理下属、下属与上司良好沟通，深谙彼此的动机因素可以达到事半功倍的效果。所以，识别对方的动机因素也是势在必行。

基于笔者为金融、保险行业从业人员推行“分解技巧、反复演练”的经验，让我们具体分析一下他们的动机因素吧。

下页是金融、保险从业人员的举动，分别对应哪些动机因素，请读者朋友思考并画○。与图解8 的演练相比，难度有所提高。而且，对于金融、保险行业来说，时间就是金钱，请务必控制在1 分钟左右。

完成之后，请对照第46 页和第48 页笔者的回答及解释。

	意向牵引			意向协调		
金融、保险行业从业人员的举动	目标达成	自我斟酌	地位权限	协调他人	安定保障	公私平衡
提议中止可能危及投资额的理财产品，导致业绩下降						
鉴于市场行情走低，出于谨慎提议“不可勉强”，却被批为打击士气						
工作 1 年左右便要求换部门，理由是想经手更大的业务						
相比于带薪休假的天数，更看重想休就休的自由度						
为了贯彻总部方针，积极说服分公司执行。另一方面，认同分公司的理念而提议总部调整方针						
想象力丰富深受经理信任，彻底接手报告、联络、协商等事务，如有需要可随时联系，喜欢新的挑战						

回答①

举动：提议中止可能危及投资额的理财产品，导致业绩下降。

回答：“安定保障”。

解释：经手高风险与高回报并存的产品时，倾向于“安定保障”的人需要克服求稳的心理障碍。

举动：鉴于市场行情走低，出于谨慎提议“不可勉强”，却被批为打击士气。

回答：“目标达成”。

解释：近来，出于为团队成员着想、避免强人所难的心态，“切勿勉强”、“适可而止”的声音日益增多，“意向协调型”的人表现更为明显。不过，这对于“目标达成型”的人却是适得其反：因为“自身表现得不到应有的评价”，他们备感失望。

举动：工作1年左右便要求换部门，理由是想经手更大的业务。

回答：“地位权限”。

解释：“地位权限”型的人往往渴求被认可和肯定。即便地位不能提升，若能承担更多职责、获得更大的期许，足以令他们斗志大增。

金融、保险行业从业人员的举动	意向牵引			意向协调		
	目标达成	自我斟酌	地位权限	协调他人	安定保障	公私平衡
提议中止可能危及投资额的理财产品，导致业绩下降					○	
鉴于市场行情走低，出于谨慎提议“不可勉强”，却被批为打击士气	○					
工作1年左右便要求换部门，理由是想经手更大的业务			○			

回答②

举动：相比于带薪休假的天数，更看重想休就休的自由度。

回答："公私平衡"。

解释：对于"公私平衡"的人来说，假期并非越多越好。与动力逐渐衰退的人不同，他们更注重公私兼顾，关键在于确保个人生活没有后顾之忧。

举动：为了贯彻总部方针，积极说服分公司执行。另一方面，认同分公司的理念而提议总部调整方针。

回答："协调他人"。

解释：对于此类型的人来说，"协调他人"已成习惯，也有助于提升团队整体的发挥。他们并非单纯扮演和事佬的角色，而是可以推动"目标达成"型或"地位权限"型的同事贯彻执行本部门的方针。

举动：深受经理信任，彻底接手报告、联络、协商等任务，如有需要可随时联系。

回答："自律斟酌"。

解释：对于"自律斟酌"的人来说，微观管理只会起到反作用。"交给你了，有事尽管说。""按照自己的想法去做，感觉不对就早点提出来。"……这样的交办方式明显更符合他们的性格。

	意向牵引			意向协调		
金融、保险行业从业人员的举动	目标达成	自我斟酌	地位权限	协调他人	安定保障	公私平衡
相比于带薪休假的天数，更看重想休就休的自由度						○
为了贯彻总部方针，积极说服分公司执行。另一方面，认同分公司的理念而提议总部调整方针				○		
想象力丰富深受经理信任，彻底接手报告、联络、协商等事务，如有需要可随时联系，喜欢新的挑战		○				

第3章

基于动机因素的业务吸引

本 章 要 点

本 章 前 言

了解如何识别自身及他人的动机因素之后，大多数动机因素便可轻松找出。相比于三前完全没有头绪的状态，此刻交流也会变得顺利许多。

“你具有哪类动机因素？”如果贸然询问，难免会让他人顿生戒心。即便没有开门见山地打听，对方若是察觉你的意图，多少也会有些犹豫。

为了轻而易举地识别对方的动机因素，是否存在平稳推进、巧妙吸引的分解技巧呢？这正是本章重点探讨的内容。

图解 11 识别顾客的动机因素

业务代表识别顾客的动机因素

识别动机因素不仅对内可以促进管理和交流，而且对外也有助于促销以及为客户提供更好的服务。

无论多么美轮美奂的商品，如果客户毫无购买的动力，结果就会无人问津。所以，为了提升商品和服务的销量，需要想方设法激发顾客的购买欲。

购买欲因人而异，然而全国各地的促销活动如出一辙，各分公司、分店给人的感觉也相差无几。

因此，若要拓展业务，业务代表能否看穿顾客的购买欲就成了重中之重。虽然每位销售明星各有所长，但有一点却是相同的：识别客户的购买欲，有针对性地开展业务。

		业务代表			客户	
企业千篇一律的促销活动	=	识别客户的动机因素	目标达成	=	目标达成	千差万别的动机因素
			自我斟酌	=	自我斟酌	
			地位权限	=	地位权限	
			协调他人	=	协调他人	
			安定保障	=	安定保障	
			公私平衡	=	公私平衡	

通过顾客的举动识别动机因素

为了识别顾客的购买欲，首先请读者朋友多加演练，试着通过他们的举动找出动机因素。

笔者在图解8（第35页）介绍团队成员的动机因素识别方法，在图解10（第44页）讲解如何识别金融、保险行业从业人员的动机因素。与两者同理，关于金融、保险产品及相关服务，我们首先需要看清顾客的购买欲。

千万别绞尽脑汁地纠结，时间白白流逝，这纯属本末倒置。所以，坚持在1分钟左右完成，赶紧给对应的动机因素画○吧。

第54～56页是笔者的回答及解释，仅供参考。

	意向牵引			意向协调		
金融、保险行业从业人员的举动	目标达成	自我斟酌	地位权限	协调他人	安定保障	公私平衡
考虑与已签约产品的平衡性						
推崇品牌产品						
愿意尝试顾客众多的保险产品						
喜欢独立比较、分析、设计						
即便回报率低，也要把风险降到最低						
喜欢新事物，乐意尝试前所未见的产品						

回答①

举动：考虑与已签约产品的平衡性。

回答："公私平衡"。

解释："公私平衡的动机因素"关键在于平衡。与已有商品保持协调、在商品展示中相映生辉、与新产品合拍，如此更具吸引力。

举动：推崇品牌产品。

回答："地位权限"。

解释：迷信品牌和权威的人多为"地位权限"型。除了公司、产品等显而易见的品牌之外，对于业务代表口碑如何等并不明显的品牌同样颇为关注。

举动：愿意尝试顾客众多的保险产品。

回答："协调他人"。

解释：容易受周围的人影响、被有影响力的人左右，这是"协调他人"的典型表现。所以，熟人推荐的营销模式对此类人颇为奏效。

	意向牵引			意向协调		
金融、保险行业从业人员的举动	目标达成	自我斟酌	地位权限	协调他人	安定保障	公私平衡
考虑与已签约产品的平衡性						○
推崇品牌产品			○			
愿意尝试顾客众多的保险产品				○		
	先进性	独立性	象征性	普遍性	稳定性	平衡性

回答②

举动：喜欢独立比较、分析、设计。

回答："自律斟酌"。

解释：喜欢独立决定、研究的人具有较强的自律意识，符合"自律斟酌"的特征。此类人群通常可以独立分析、自主推动发展进程。

举动：即便回报率低，也要把风险降到最低。

回答："安定保障"。

解释：高风险和高回报并非"安定保障"型人群的风格，他们更喜欢低风险、低回报的商品。因此，若能提升商品的稳定性，更易获得他们的青睐。

举动：喜欢新事物，乐于尝试前所未见的产品。

回答："目标达成"。

解释：此类人群富含挑战精神，"目标达成"的动机因素表现明显。他们推崇商品的独特性和先进性，并以购买此类商品证明自身的挑战精神。

如果仅从购买欲的角度来看，把"目标达成"改为先进性，"自律斟酌"换成自律性，"地位权限"对应象征性，感受或许更为直观。同理，"协调他人"是普遍性、"安定保障"是稳定性、"公私平衡"则是平衡性。

	意向牵引			意向协调		
金融、保险行业从业人员的举动	目标达成	自我斟酌	地位权限	协调他人	安定保障	公私平衡
喜欢独立比较、分析、设计		○				
即便回报率低，也要把风险降到最低					○	
喜欢新事物，乐意尝试前所未见的产品	○					
	先进性	独立性	象征性	普遍性	稳定性	平衡性

图解 12 动机因素的 BIGPR 谈话技巧

什么是BIGPR？

同一公司的下属、同事、上司虽有职位高低，但对彼此的言谈举止均较为熟悉。但是，面对并不知根知底的客户，有些甚至还是初次见面，业务代表需要在几乎毫无信息的前提下迅速吸引客户。

因此，识别客户的购买欲显得至关重要。如果与客户尚未建立紧密联系，直接询问只会一无所获、自讨没趣。

所以，我们不妨采用BIGPR 技巧，为商务交流设置前提条件。所谓BIGPR，就是在交流开始时，在30 秒左右的时间内交代清楚背景（B 代表Background）、自我介绍（I 代表Introduction）、目的（G 代表Goal）、谈话时间（P 代表Period）、期待对方扮演怎样的角色（R 代表Role）。

通过这样的表述，客户对于本次会面也有了头绪："原来这就是今天会面的背景和目的"、"在30 分钟左右的会晤之后基本可以判断买还是不买了吧"……理清思路之后，我方的问题不至于显得唐突，客户也乐意回答。

反之，如果没有这样的前提条件、慌慌张张地展开商谈，客户难免有所顾虑：对方为什么会来找我？这名业务代表到底要喋喋不休到什么时候？

B	Background 背景
I	Introduction 自我介绍
G	Goal 目的
P	Period 谈话时间
R	Role 期待对方扮演的角色

BIGPR 的谈话技巧

介绍了BIGPR 的基本要素之后，我们不妨展开具体分析。在商谈开始之初，先简单交代一下本次会面的来龙去脉。或许你觉得客户对此早已了解，但事实未必尽然。“原来如此啊！”有些客户恍然大悟的神情恰恰证明了这一点。只有清楚商务交流的目的，客户才会更乐意倾听。因此，这样的开局设置必不可少。

而且，初次见面时难免会有相貌和名字对不上的情况，自我介绍也是明智之举。“既然名字和人已经对上号，是否还需要自我介绍呢？”征询对方意见固然错不了，也可以结合当前的状况和心境重新介绍一下自己，例如：“鄙人经手贵公司业务已有三年，承蒙关照，渐入佳境……”

B（背景）	经 XX 人介绍，电话预约了今日的会面。
I（介绍）	我是动机因素株式会社的山口博。
G（目的）	今日特来推荐我公司的产品。
P（谈话时间）	正如预约时所说，若能给我 30 分钟时间，不胜荣幸。
R（角色）	在本人完成介绍之后，无论贵司是否感兴趣，还望直言相告。

“期待对方扮演的角色”可谓关键

G（Goal）所说的目的当然指的是会晤的目标，BIGPR 对此的要求是开门见山。通过演练，我们不难发现，在达成结论之前往往需要唇枪舌剑、反复说明。因此，在设置开局的时候仅仅围绕目标而谈即可：“希望能达成这个目标。”

世间不如意事十之八九，如果与客户不熟，局面就更为艰难。更有甚者，只想早早脱身：“这名业务代表到底还要说多久……”

“预约时已经有所交代，没必要重复。”这样的念头断不可有，在商谈之初重新解释其实大有必要，也可以给对方留下“严格守时、为客户着想”的良好印象。

“期待对方扮演的角色”是开篇介绍时容易疏忽的部分。然而，毫不为过地说，这却是决定会晤成败的关键要素。“今天请允许我介绍我司的产品。”大部分业务代表都不会忘记说明来意，但客户往往不以为意：“好吧，我要做什么？”“横竖都是推销吧？”……

“今天请允许我介绍我司的产品（目的），听后请告知您的感想即可（角色）。”明确自身的期待实为必要，如果不明不白地开始交流，结果只会大失所望。而且，从一开始就说明“期待对方扮演的角色”，这也是为之后通过提问识别动机因素埋下伏笔。

图解 13 动机因素的 MAP 谈话技巧

MAP 的谈话技巧

通过BIGPR设置开局，然后可以画地图（MAP）。所谓MAP谈话技巧，就是类似照着地图指明会晤主旨的提纲："首先美洲大陆，然后欧洲大陆，最后亚洲大陆。"

举例来说，具体表现为："今天我想说的主要是A、B、C。""我会按照说明、答疑解惑、今后对策研究这三个方面展开今日的论述。"……

既然是画地图，"分为几点来谈"的问题最为多见。对此，笔者的经验是"分为三点提纲较为合适"。

"感觉有10个方面要说，那可怎么办"这样的反应也在情理之中，不过画地图和交代日程其实不同。既然目标着眼于使对方了解概要，所以抓住最要紧的三点即可。

MAP1	预防疾病、伤害等不时之需的商品。
MAP2	医疗和养老常用的商品。
MAP3	为将来做准备的商品，从以上三个方面展开说明。

MAP的具体举例

MAP谈话技巧的具体举例请参考下页，主要分为“按照顺序进行说明”、“与客户沟通的技巧说明”、“着眼希望传达的要点展开说明”这三个方面。

首先，笔者倡导按照顺序进行说明。但是，想说的内容往往很多，精炼到三点其实并没有想象中那么简单。

这属于表现结构的范畴，讲解此中奥秘的书籍和讲座可谓多如牛毛，而且深奥难懂。在笔者看来，终究无法付诸实践，因此并不实用。

关于表现结构的信息和解释可谓众说纷纭，但通过MAP技巧筛选三点并按照顺序讲解，只需15分钟便可掌握精髓，不必再费劲地翻阅书籍或参加讲座。

按照一定的顺序描绘地图，然后就是如何与客户沟通的问题，对此笔者也列举三个方面吧。一般来说，无外乎“自身说明”、“客户提问”和“今后计划”。如果基本可以达成共识，那可以围绕“解释合同”、“答疑解惑”和“合同签订”来谈。

说明内容	举例
按照顺序进行说明	询问客户对金融、保险产品的需求
	推荐满足客户需求的金融、保险产品
	最后，就客户感兴趣的产品加以说明
与客户沟通的技巧说明	我方说明
	然后答疑解惑
	最后，商议下一步如何推进
着眼希望传达的要点展开说明	今天主要想谈 3 点。首先，我司的保险产品绝对物有所值。
	其次，需要值得信赖的业务代表为您提供专业的服务。
	最后，关于特殊条例和对应选项等因人而异，需要充分商量。

MAP 蕴含的信息

再者，关于希望传达的要点也请尝试凝缩为三点，笔者的建议是："我所宣传的是'设计生活的重要性'"、"保险对设计生活的支撑作用"、"满足设计生活的要求——保险模拟的必要性"。

在推行"分解技巧、反复演练"的过程中，笔者意外地发现，"把希望传达的内容凝缩为三点"令不少学员为难。或是盲目地只想着如何签约，或是东拉西扯显得漫无边际，总之，许多人坐上会议桌时并不清楚自己想表达些什么。

通过MAP技巧提炼三点概要，并且在会晤开始时开门见山地告诉对方。“哦，原来是想说这三方面的内容。”客户清楚你的来意后也能安心赴会，堪称先声夺人的强力技巧。

但是，MAP的部分必须做到简明扼要，不可围绕主题大谈特谈。否则，这和直接进入正题没什么两样，客户心中“这人到底想说什么”的疑问终究挥之不去。

图解 14 有助于发现动机因素的提问

故意含糊提问、挖掘客户需求

通过BIGPR和MAP，我们总算进入会议的正题。具体的方式和技巧纷繁复杂，需要读者朋友多下苦功。

我们不妨回到MAP技巧的第一个例子（第63页），就“询问客户对金融、保险产品的需求”、“推荐满足客户需求的金融、保险产品”、“最后，就客户感兴趣的产品加以说明”这三个方面具体如何推进做进一步的分析。

所谓询问需求，如果单刀直入地向客户打听，对方多半拒绝回答。关于发掘客户需求的必要性以及发现客户需求的提问方式，许多企业组织各种培训和讲座，得出的结论多为直奔主题、直率提问。

对于金融、保险行业的精英来说，这是否意味着可以更加尖锐地逼问客户呢？这样恐怕会把客户吓跑吧……

所以，笔者推崇“傻傻地”提问，即通过“含糊提问”把握客户需求，例如：“可有您感兴趣的产品？不知我们能否满足贵方的要求，可以的话还请直言相告……”提问时配上茫然不解的神情，但切不可演技浮夸、让客户产生被戏弄的感觉。若能掌握这样的技巧，把握客户需求就并非难事。

通过“含糊提问”把握客户需求。

含糊提问：

“贵方可有感兴趣的保险产品？”

“对于新加入的保险可有疑问？”

“最近各大保险公司都在打广告，其中是否有您感兴趣的公司和产品？”

通过“含糊提问”把握客户需求

含糊提问
“贵方可有感兴趣的保险产品？”
“对于新加入的保险可有疑问？”
“最近各大保险公司都在打广告，其中是否有您感兴趣的公司和产品？”

辅助谈话技巧

对“含糊提问”心生抗拒的客户不乏其人，此时我们需要察言观色，辅以“辅助谈话技巧”。所谓“辅助谈话技巧”，就是辅助“含糊提问”，以更为柔和的方式提问，促使客户心甘情愿回答。

“不知能否满足贵方的要求”、“或许能对您有所帮助”、“也想请教怎样可使贵方更乐意接受”……此类表述并非生硬的推销，语气也并不肯定，传达的都是“可能有用”的意思。不过，看似并未勉强对方，却也在暗暗催促对方发言。

通过演练发现，此类“辅助谈话技巧”对于金融、保险行业从业人员尤为有效。毕竟，这些行业的业务代表往往给人强词夺理、咄咄逼人的印象，采用此技巧有助于打消客户先入为主的偏见。

通过“含糊提问”把握客户需求

含糊提问	辅助谈话技巧
“贵方可有感兴趣的保险产品？”	不知我们能否满足贵方的要求，可以的话还请直言相告……
“对于新加入的保险可有疑问？”	没有自然最好，不过或许能对您有所帮助，所以我也想了解一下……
“最近各大保险公司都在打广告，其中是否有您感兴趣的公司和产品？”	也想请教怎样可使贵方更乐意接受，请允许我问几个问题……

是否回答并不重要，关键在于产品介绍

通过“含糊提问”和“辅助谈话技巧”找出客户需求，然后介绍自身产品，对于满足需求的产品则做重点讲解。

如果反复尝试“含糊提问”后仍不能发现客户需求，也要介绍自身产品，重新发掘客户需求。

下页介绍的谈话技巧并非笔者的奇思妙想，也不是成功人士的经验之谈。“分解技巧、反复演练”也有各层次的金融、保险行业从业人员参加，对他们的演练结果汇总分析之后笔者有所发现。

因此，这个技巧适用于广大商务人士。对于通用性的交流进行分解，继而找出核心关键，与客户的会晤多能由此顺利推进。

回到先前的例子，为了吸引客户，切勿开门见山地推销保险产品，而是罗列、介绍公司产品。而且，“含糊提问”与“辅助性谈话技巧”相结合，产品介绍的吸引力大为增加。

根据客户回答的不同对策

含糊提问	辅助谈话技巧
“贵方可有感兴趣的保险产品？”	不知我们能否满足贵方的要求，可以的话还请直言相告……
“对于新加入的保险可有疑问？”	没有自然最好，不过或许能对您有所帮助，所以我也想了解一下……
“最近各大保险公司都在打广告，其中是否有您感兴趣的公司和产品？”	也想请教怎样可使贵方更乐意接受，请允许我问几个问题……

客户回答

有疑问	没有疑问
理想保险的必要性，要说顾虑的话，担忧中途撤保时不能退回已缴部分	已经很充分了，没有特别需要注意的
打算给生活加入最低保证，就是不知道是否满足今后医疗和养老的要求	

不知是否对您有所帮助，请允许我简单介绍一下我司的产品吧？	
或许有您需要的产品	若能告之想法，不胜感谢

图解15 基于动机因素的业务吸引技巧

识别购买欲

在产品介绍的同时，适当穿插提问，有助于识别客户的购买欲。若能充分把握客户的购买欲，成交的可能性就大为提高。

为了识别客户的购买欲，提问以二选一的形式更便于客户回答，例如:“先进产品（先进性）和公认产品（平衡性）更倾向于哪一个？”、“私人定制且回报不错的产品（独立性）与低风险的产品（稳定性）更喜欢哪一个？”“品牌产品（象征性）和普通产品（普遍性）是否区别看待？”……

通过这些提问，我们对于客户的购买欲可以大致把握。在第38页介绍动机因素的识别时，笔者曾经强调，从六点购买欲因素中选出一个，而且不必费时费力多想。若能选出两到三个，进展就会顺利许多。换言之，即便不能确定先进性、独立性、象征性，如果可以找出平衡性、稳定性和普遍性，便可以排除法反推，继而采取措施。

	意向牵引			意向协调		
金融、保险行业从业人员的举动	目标达成	自我斟酌	地位权限	协调他人	安定保障	公私平衡
考虑与已签约产品的平衡性						○
推崇品牌产品			○			
愿意尝试顾客众多的保险产品				○		
喜欢独立比较、分析、设计		○				
即便回报率低，也要把风险降到最低					○	
喜欢新事物，乐意尝试前所未见的产品	○					
	先进性	独立性	象征性	普遍性	稳定性	平衡性

动机因素	购买欲因素		购买欲因素	动机因素
目标达成	先进性	↔	平衡性	公私协调
自律斟酌	独立性	↔	稳定性	安定保障
地位权限	象征性	↔	普遍性	协调他人

把握购买欲因素，凸显产品亮点

在一定程度上识别购买欲因素之后，就可以有针对性地施展谈话技巧、打动客户。当然，根据不同的因素，推荐的产品往往有所区别。即便同款产品，也要对照购买欲因素确定强调哪些亮点。

在此，笔者以每五年定期分红、带特殊条款的终身保险为例，分析如何针对6点购买欲因素向客户提出建议。

该产品具有以下特征：

①可以附加特殊条款，提供丰富全面的保障。

②该产品在其保险公司内销量第一。

③最新推出的产品之一。

④各大媒体争相推荐，具有品牌效应。

⑤保费分五年缴清。

⑥可选大病、养老、医疗、生活习惯疾病等特殊条款。

分析的要点在于，如何针对购买欲因素各异的客户采取有效的谈话技巧。面对不同的客户，上述6点特征哪些值得强调？请试着演练一下吧。

	动机因素	购买欲因素	回答
喜欢新事物，乐意尝试前所未见的产品	目标达成	先进性	
喜欢独立比较、分析、设计	自律斟酌	独立性	
推崇品牌产品	地位权限	象征性	
愿意尝试顾客众多的保险产品	协调他人	普遍性	
即便回报率低，也要把风险降到最低	安定保障	确定性	
考虑与已签约产品的平衡性	公私协调	平衡性	

回答案例

笔者的回答请见下页。根据“分解技巧、反复演练”的学员反映，以往开展业务大多依靠业务代表的经验和直觉，成败听天由命。若能立足购买欲因素并采取措施，业务拓展就会顺利许多，成功率也大大提高。

	动机因素	购买欲因素	回答
喜欢新事物，乐意尝试前所未见的产品	目标达成	先进性	③
喜欢独立比较、分析、设计	自律斟酌	独立性	⑥
推崇品牌产品	地位权限	象征性	④
愿意尝试顾客众多的保险产品	协调他人	普遍性	②
即便回报率低，也要把风险降到最低	安定保障	确定性	⑤
考虑与已签约产品的平衡性	公私协调	平衡性	①

立足购买欲因素的建议

首先，将产品特征与购买欲因素相匹配。其次，各购买欲因素的客户往往会有如下页所示的顾虑，可以提出怎样的建议呢？

除了提出建议、消除顾虑之外，我们也应思考：面对购买欲因素各异的客户，应该怎样打动对方？若能表现得当，签约的可能性便会进一步提升。

具体如何分析，笔者推荐可参考第14~15页识别自身动机因素的例子。如何打动与自己具有同样动机因素的人？怎样激发他们的兴趣？既然动机因素相同，按理自己也是最了解他们的人吧。

在推进“分解技巧、反复演练”的过程中，像这样分析自身动机因素、掌握要领和关键，继而推断他人动机因素的事例可谓屡见不鲜。

回答案例

根据“分解技巧、反复演练”的学员回答，笔者整理并筛选最佳建议，详见下页。关键在于，以“刚推出发行不久”、“为您量身打造需要时间和精力”作为开场白，实际却是用先进性和独立性的表现方式打动客户。具有先进性的客户本身对于刚推出的新产品反而兴趣更浓，独立性较强的人多半也欢迎你绞尽脑汁地设计产品。

向购买欲因素属于先进性的客户提出平衡性的建议，为独立性较强的客户给出稳定性的意见，对倾向于象征性的客户大谈特谈普遍性，这些不但毫无效果，只会适得其反。其实，这种“胡乱放炮”、指望歪打正着的营销方式并不少见，就此错失的商机更是不胜枚举。

在开展促销活动时，企业通常取客户需求的最大公约数，继而大加宣传。鉴于客户众口难调，有人正对胃口，有人毫无兴趣。所以，具体到某位客户的购买欲因素识别，完全取决于各业务代表的能力。

购买欲因素	顾虑	建议
先进性	选择的保险产品太久，不适合当前及未来的发展	虽然刚推出不久，但是该产品已有最新版，是否研究一下?
独立性	不确定是不是最适合自己的产品	为您量身打造需要时间和精力，可以采取私人定制的方式特别追加，您是否想进一步了解一下?
象征性	既然投保，就要选择最具代表性的产品	我经手的都是大型保险公司的产品，您是否感兴趣呢?
普遍性	希望购买最具普遍性的产品	我可以为您介绍最合乎通用标准、最具普遍性的产品，您是否愿意听一听?
稳定性	所选的产品万一退保也能有所返还，不至于分文未得	可以返款的产品也有，就是保费会略高，让我给您算一算。
平衡性	希望所选产品尽可能涵盖所有风险	涵盖您所需全部范围的综合性保险也有几款，让我给您介绍一下。

第4章

与客户建立亲密关系的掌控技巧

本 章 要 点

本章前言

树立识别对方动机因素的意识，辅以谈话技巧，不但可以提高识别对方动机因素的准确率，还有助于与客户建立亲密关系。毕竟，在商务交流中若能迎合对方的动机因素，客户当然会对你兴趣大增。

激发客户的兴趣之后，业务拓展就会顺利许多。而且，随着彼此交集增多，关系自然就紧密起来。

习得掌控技巧，与客户建立亲密关系，这便是本章的重点内容。

图解 16 同意＋发挥的分解技巧

克服拒绝心理、巧妙达成共识

在业务拓展时，被客户拒绝也是在所难免的事。向“分解技巧、反复演练”的学员一打听，无一不表示有过被人拒绝的经历。

有时候，前期顺风顺水，但是进展到一定阶段后急转直下、惨遭拒绝。听闻这样的事例之后，通过分解技巧进行解析，发现问题出自缺少一样技巧——“共识”。

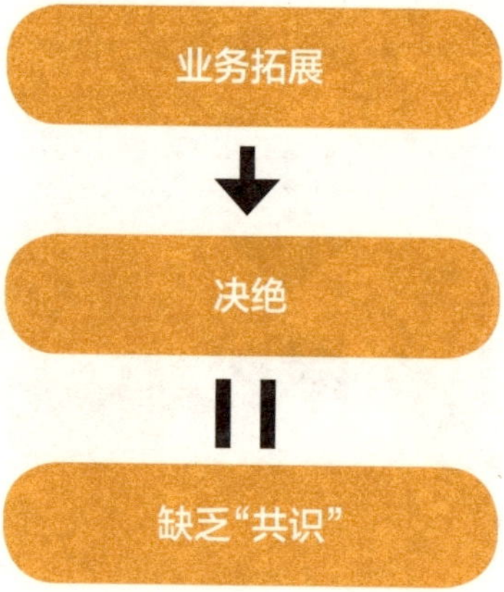

掌握疑问、反对的信号

如此说来，下列呼声我们多有耳闻：“面对客户说‘不’时，我们切勿对拒绝、疑问或者反对妥协。”“化解拒绝，与自身观念保持同步，这不正是业务代表的职责吗？”……

此处所说的“共识”并不意味着对客户的拒绝表示“同意”，而是认同对方的想法，唯有如此方能对客户施加影响。

能说会道、精明能干、自信满满的业务代表大多对此不屑一顾。换言之，他们一旦采用这样的方法，签约率就会大大提高。

至于进展到一定阶段后突然被“拒绝”，往往因为业务代表对于客户中途释放的信号（疑问或反对）毫无察觉，或者视而不见。

通过“共识”这个分解技巧推进业务可以防患于未然，在中途不断肯定客户想法、与之保持同步。另一方面，在客户的思路范围之内，业务代表可以充分把握客户想法并加以引导。

这则方法基于“分解技巧、反复演练”的学员实践汇总得出。

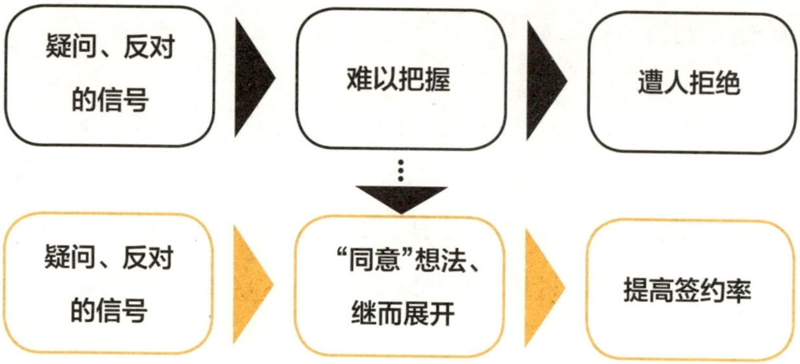

同意+发挥的分解技巧

关于“共识”分解技巧以及之后的发挥，具体可参照下页的5条技巧，笔者将其统称为“同意+发挥的分解技巧”。

自上而下，达成共识的可能性越来越低，越是顶端的分级技巧，成功率也越高。另一方面，越是向下，业务开展的空间就越广，掌控的效果也越高。

具体采用哪种技巧取决于当时的情况，在对方疑问或反对程度尚不明朗的前提下，按照自上而下的方法进行尝试较为妥当。

然而，最后“同意+转换的技巧”具有逆转的功能，堪称王炸。时机的把握至关重要，一旦转机出现，切勿错过。

接下来我们对各分解技巧的实例展开分析。

达成共识的可能性	发挥的空间	同意 + 发挥的分解技巧	内容
大	小	同意 + 确认	原来如此，客户想表达的是这个意思啊
↕	↕	同意 + 举例	原来如此，客户想表达的举例来说就是这个意思吧
		同意 + 追加	原来如此，客户的话语中也包含了这层意思
		同意 + 假设	原来如此，客户所说的内容也适用于这则案例
小	大	同意 + 转换	（对了解 A 但倾向 B 的客户说）原来如此，您是说，虽然倾向 B，但是 A 也需要了解吧

图解 17 达成共识的方法

点头类表示同意的举动

表示同意的举动如下页所示，自上而下，认可的程度也越来越强。与之相对，思路空间却是越来越窄，这也在情理之中。

目光向下，指的是原本注视着对方，然而一旦对方投来目光，眼睛赶紧看着下方。视线看向两边时，即便本意并非如此，也会让对方觉得你不以为然。斜眼上瞧是不耐烦的标志，仰面望天则说明心不在焉。

点头和手部动作也可作为传递信息的肢体语言加以分解。同样的话语重复多遍，结果适得其反，对方甚至会觉得“讲的太机械了吧！”“只记得这一句吗？”……如果是肢体语言，重复的感觉就会减少许多。

达成共识的可能性	发挥的空间	同意的举动		举例
大 ↕ 小	小 ↕ 大	点头类	避开对方目光	目光向下
			点头	垂直点头
			手部动作	竖大拇指
		附和类	随声附和	哦 / 这样啊
			感叹词	原来如此
			催促提问	那么结果怎样呢?
			表示同意	诚如所言

附和类表示同意的举动

“随声附和”、“感叹词”、“催促提问”、“表示同意”都是通过语言表达，方式可谓多种多样。反之，如果同一表达方式重复太多，感觉未免单调，意思也会差很多。

连连说“是是是”，给人的感觉不是同意，而是“你说够了没有”。同理，“原来如此”一旦成了口头禅，或许言者无意，听者却会理解为“我只是随口说说”、“其实没听你在说什么”……

同一种表达方式不断重复，给人的感觉是“其实没听你在说什么”。

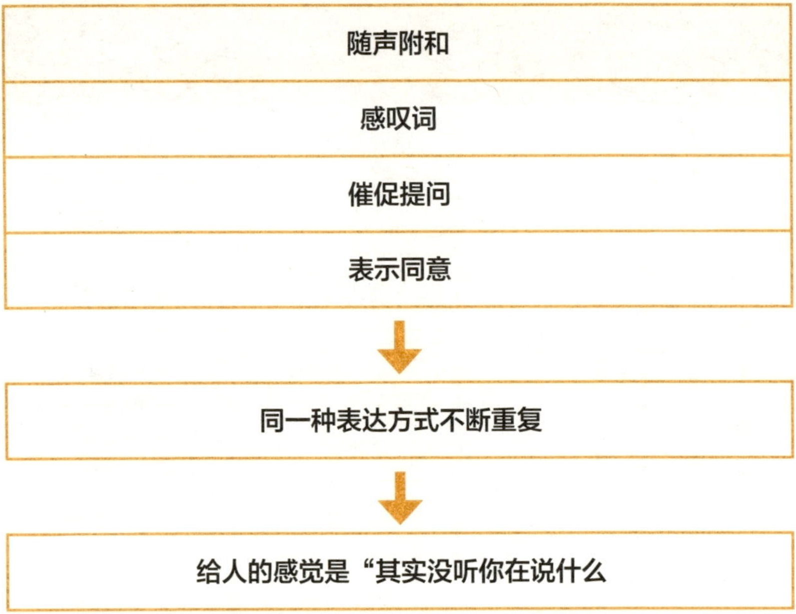

当前盛行、实际适得其反的随声附和

“分解技巧、反复演练”的学员来自全国各行各业各岗位，在实践中，笔者发现下页列示的语句使用频率较高，而且它们的共同之处在于句末都是升调。

不过，这类语句实际并没有给人“我在仔细聆听”、“同意”的感受，而是恰恰相反。所谓口头禅就是模式化的惯用句，必须改掉这个陋习。

即便树立改正的决心，实际难免顾此失彼。所以，不妨步步为营，一句句地纠正才是最佳捷径。

最近常见的随声附和	表达的意思
原来如此啊！	全盘接受。
这样啊！	这样啊！不过，我不知道，所以也管不着。
还有这么回事啊！	还有这么回事啊！但是，我毫不知情，也与我无关。

图解 18 同意＋确认

确认的基本类型

所谓“同意+确认”的分解技巧，就是表明赞同之后加以确认。确认的方法主要有4类，详见下页。

重复：复述客户的话。

要点：按照自身理解归纳要点。

详述：添加自身解释进行说明。

转换：转换成自身的话语，表达相同的意思。

自上而下，要点、详述、转换这3种方法表明若能理解对方，达成的共识更为牢固。

另一方面，要点、详述和转换也为别的解释提供空间，也许和客户的本意有所偏差，达成共识的一致性呈下降趋势，而发挥的空间越来越广，也更容易按照自身的设想掌控客户。

达成共识的可能性	发挥的空间	发展的空间	确认的基本类型
小 ↕ 大	大 ↕ 小	小 ↕ 大	重复 （复述同样的话）
			要点 （按照自身理解归纳要点）
			详述 （添加自身解释进行说明）
			转换 （转换成自身的话语）

同意+确认的演练

以推销保险为例，假设某位客户的观念如下页所示，其实很多人都抱有相同的想法。假如设计的产品和特殊条款无关，或者方法设法提高保费，那显然不符合客户的需求。

此时，我们可以通过同意+确认的分解技巧确认客户的想法。

首先，比较一下“重复”、“要点”、“详述”和“转换”这4种方法。

“重复”顾名思义，复述客户的话即可。

“要点”就是深思熟虑，然后在下页的空白栏内写上1～2行的要点。

“详述”与“要点”正相反，通过大量文字为客户的见解添加自身的解释。详述部分正是业务代表掌控客户的发挥空间，因此，试着进行有引导性的详细说明更为有效。

“转换”的文字量与“详述”差别不大，相当于以别的表现方式重新创造。转换部分正是业务代表掌控客户的发挥空间，因此，试着有引导性地转换说法吧。

客户的观念

每五年定期分红、带特殊条款的终身保险虽然可以添加各类特殊条款，但是保费也很高。

业务代表的“同意＋确认”

重复	
要点	
详述	
转换	

同意+确认的技巧实例

“分解技巧、反复演练”的学员不乏金融、保险行业的从业人员，笔者从中筛选标准的回答模板，详见下页。

“重复”就是原原本本地复述内容。

“要点”就是比对利弊并简单列出。

“详述”就是着眼于可附加的特殊条款，既强调特别追加的益处，又谈及保费构成（定期部分、终身部分、特殊约定部分），最后详细说明其作为综合性保险的最大优点。

“转换”就是一方面以“全部特殊条款”强调优势，另一方面又以“不符合预算”为名打听客户愿意拿出多少保费。

总之，通过同意+确认，有助于下一步的顺利展开。

客户的观念

每五年定期分红、带特殊条款的终身保险虽然可以添加各类特殊条款，但是保费也很高。

业务代表的“同意＋确认”

重复	这样啊？虽然可以添加各类特殊条款，但是保费也很高。
要点	这样啊，特殊条款的优点倒是不少，保费就成了硬伤。
详述	这样啊，医疗、养老、重度残疾等各类特殊条款都可以追加，把定期保险、终身保险、特殊条款的保费整合，担忧保费过高吧。
转换	这样啊，所有的特殊条款均可追加，好处想必您也能感觉到，就是保费不合预算吧。

图解 19 同意+举例

举例的基本类型

所谓"同意+举例"的分解技巧，就是在表示同意之后再举例子。具体的举例方法按照下页所示共有4种。

"亲身经历的事例"、"公司内的事例"、"行业内的事例"、"行业外的事例"，审视的角度不同，例子也是层出不穷。亲身经历自不必说，越是与自己有关的事例越能引起他人共鸣，达成的共识也更为牢固。

自上而下，举例的范围变广、达成共识的一致性增强，这也是理所当然。此外，具有引导性的事例信手拈来，发挥的空间也是分外广阔。

不过，经过"同意+确认"之后，在"同意+举例"的阶段笔者并不提倡过度发挥。其实，许多事例并不是为了"同意+举例"阶段的自由发挥，而是借此强化、确认是否同意客户的观点，这也是提升签约率的秘诀。

达成共识的可能性	发挥的空间	发展的空间	确认的基本类型
小	大	小	亲身经历的事例
↕	↕	↕	公司内的事例
大	小	大	行业内的事例
			行业外的事例

同意+ 举例的演练

借助“同意+ 举例”的分解技巧，表明同意客户的意见，之后便可轻松加以引导。

关于“亲身经历的事例”、“公司内的事例”、“行业内的事例”和“行业外的事例”，我们不妨比较一番。

“亲身经历的事例”顾名思义就是以自己的亲身经历为例，原原本本呈现给对方。

“公司内的事例”就是搬出公司内的例子，其实未必是个人的亲身经历。

“行业内的事例”范围更广，只要提出同一行业的事例即可。

“行业外的事例”则不受行业限制，所有相关的例子皆可为我所用。

接下来，我们试着设想一下各类举例的谈话技巧吧。

客户的观念

每五年定期分红、带特殊条款的终身保险虽然可以添加各类特殊条款，但是保费也很高。

业务代表的“同意 + 确认”

亲身经历的事例	
公司内的事例	
行业内的事例	
行业外的事例	

同意+举例的技巧实例

技巧实例详见下页，诚如所见，具体就是：同意，举例，继而更加认可。为了引导客户的观念，如此小心翼翼、循循善诱大有必要。

“虽然可以添加各类特殊条款，但是保费也很高。”客户这么想并没错，根据年龄与性别等，保费金额由主险和附加险的保额决定。

然而，在现实的业务交流中，像“保费一点都不高”、“有办法便宜一点”之类否定客户观点、强行引导的现象较为多见。

“这名业务代表真为我着想”、“没有额外收费，可以安心交给他去办”……客户并没有这样的好感，反而尽是负面情绪：“此人一直否定我的看法”、“他根本就不想了解我”。

金融、保险行业的从业人士善于当即做出反应，经手过寿险、财产险、证券交易等的笔者也不例外。然而，这其实是我们的弱点。

对于并不擅长“同意+举例”的人们来说，一旦掌握这个技巧，签约率就会大为提升。立足自身经验，结合“分解技巧、反复演练”的实践结果，这点毋庸置疑。

客户的观念

每五年定期分红、带特殊条款的终身保险虽然可以添加各类特殊条款，但是保费也很高。

业务代表的“同意＋确认”

亲身经历的事例	是吗？基于亲自设计保险产品的经历，我认为：保费由补充的特殊条款和保额决定。
公司内的事例	是吗？相比于贵司其他产品，我觉得：保费由补充的特殊条款和保额决定。
行业内的事例	是吗？不仅限于贵司，比较寿险产品之后我的观点是：保费由补充的特殊条款和保额决定。
行业外的事例	是吗？不仅限于寿险，在我看来这和买车一个道理：保费根据款式选择和车辆等级而定。

诱导技巧比应酬更能提升签约率

在推行“分解技巧、反复演练”时，有学员曾经表示疑惑：“借助应酬话语中Yes-But（是，但是）的技巧是否足以面对各类应酬了呢？”

Yes-But 首先需要同意客户观点，然后照着客户的思路引导、抛出自己的观点。如果单纯只是迎合客户、没有加以引导，那就毫无意义。

模棱两可、含糊附和，这不是应付我吗？有这个必要吗？一旦客户抱有这样的念头，彼此无形中就有了隔阂。在“同意+ 发挥”的分解技巧中，“同意+ 举例”的效果尤为显著。顺着客户的意思循循善诱，虽然有些迂回曲折，但正所谓欲速则不达。从实际来看，签约率也很高。

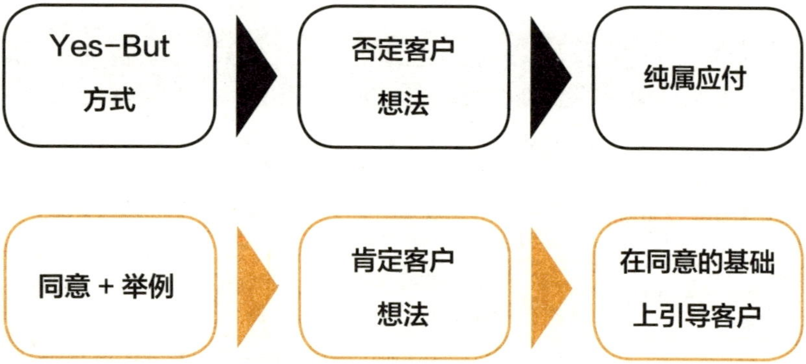

图解 20 同意 + 追加

追加的基本类型

向客户表示同意，继而补充、追加提议，这就是“同意 + 追加”。这则分解技巧具有很强的诱导性，有助于引导客户。

追加的方法主要分为4种，区别较大，详见下页。

“对同个目标追加其他时间、金钱的选择”、“对同个目标追加其他种类的选择”、“对不同目标追加同样时间、金钱的选择”、“对不同目标追加其他种类的选择”，4种方法一目了然。自上而下，达成同意程度和一致性越来越小，但发挥的空间却是越来越大。

达成共识的可能性	发挥的空间	发展的空间	确认的基本类型
小 ↕ 大	大 ↕ 小	小 ↕ 大	对同个目标追加其他时间、金钱的选择
			对同个目标追加其他种类的选择
			对不同目标追加同个时间、金钱的选择
			对不同目标追加其他种类的选择

同意+追加的演练

通过"同意+追加"的分解技巧，我们可以确认客户观点的可操作空间，继而加以引导。

"对同个目标追加其他时间、金钱的选择"，举例来说，目标不变、主合同及特殊条款不改，但是提议修改合同期间和金额，借此窥探客户反应，在允许的范围内施加影响。

"对同个目标追加其他种类的选择"，就是目标不变，但是变更主合同及特殊条款，提出其他合同选项。

"对不同目标追加同样时间、金钱的选择"，例如保险期限和保额不变，但是基于别的目标加入新的险种。

"对不同目标追加其他种类的选择"，比如为了其他目标而推荐其他保险产品。

接下来，我们试着设想一下各类追加的谈话技巧吧。

客户的观念

每五年定期分红、带特殊条款的终身保险虽然可以添加各类特殊条款，但是保费也很高。

业务代表的“同意 + 确认”

对同个目标追加其他时间、金钱的选择	
对同个目标追加其他种类的选择	
对不同目标追加同个时间、金钱的选择	
对不同目标追加其他种类的选择	

同意+追加的技巧实例

具体技巧详见下页，想必许多人在无意识间也会补充各种提议。不过，按照下页分类之后，对一些平常难得一见的技巧也可活学活用。

也许读者朋友已经有所留意，许多追加技巧的表现总以“假如”开头。此言一出，潜台词就是“是否接受由您决定”、“绝不勉强”。

金融、保险行业的从业人员无论自身是否刻意为之，给客户的印象往往是喋喋不休、表现强势。因此，“假如”可以带来奇效。

另一方面，面对客户“保费太贵”的观点，“那就便宜一点”的反应断不可取。正常的反应也应该是“保费并非一成不变”，或者至少是“我们还可以协商”吧？无论如何，尊重客户的观点，继而加以引导，保持正确的姿态至关重要。

客户的观念

每五年定期分红、带特殊条款的终身保险虽然可以添加各类特殊条款，但是保费也很高。

业务代表的“同意＋确认”

对同个目标追加其他时间、金钱的选择	这样啊？假如投保目标不变，至少特殊条款的期间或保额可以调整，我给您算一下如何？对应期间或保额的变动，保费也可以调整。
对同个目标追加其他种类的选择	这样啊？假如投保目标不变，只改动特殊条款也是可行，我给您分析一下如何？对应期间或保额的变动，保费也可以调整。
对不同目标追加同个时间、金钱的选择	这样啊？同等保险期限和保额之下，还有别的保险产品也符合您的要求，可否容我介绍一下？各险种的保费也是不同的。
对不同目标追加其他种类的选择	这样啊？那干脆给您介绍别的保险产品如何？产品不同，保费也有差别。

图解 21 同意＋假设

假设的基本类型

所谓“同意+假设”，就是向客户表示同意之后提出某种假设的前提条件，只要客户接受这个前提，便可按照这个方向进一步引导客户。可以说，这则分解技巧会对客户产生巨大的影响。

“有没有可能同时满足投标目标和降低保费的要求，我们不妨比较一下，如何？”按照这句话来分析，“有没有可能同时满足投标目标和降低保费的要求”就是我们假设的前提条件。

假设的基本类型可按下页分为4种，特点鲜明、各不相同。

“同等前提的假设”，这是基于同个目标的假设法，“类似前提的假设”立足于相似的目标，“不同前提的假设”则完全改变目标，具有广阔的发挥空间。

“解决个别问题的假设”，这是基于客户某个问题已经明朗，为了解决问题而专门做的假设。

自上而下，达成同意程度和一致性越来越小，但发挥的空间却是越来越大。

达成共识的可能性	发挥的空间	发展的空间	确认的基本类型
小 ↕ 大	大 ↕ 小	小 ↕ 大	同等前提的假设
			类似前提的假设
			不同前提的假设
			解决个别问题的假设

同意+假设的演练

基于“同意+假设”的特点，我们可以进一步引导客户。

“同等前提的假设”，基于目标不变，可以试着从降低保费的角度和客户探讨。

“类似前提的假设”，目标虽然不尽相同，却也类似。例如，调整特殊条款从而降低保费就是一个不错的思路。

“不同前提的假设”显然需要改变目标，例如：“放弃每五年定期分红的权利，保费才能下降”。

“解决个别问题的假设”则要从客户的实际问题出发，例如：“主险的保费不能改动，有没有别的办法把整体的保费降下来？”

接下来，我们试着设想一下各类假设的谈话技巧吧。

客户的观念

每五年定期分红、带特殊条款的终身保险虽然可以添加各类特殊条款，但是保费也很高。

业务代表的“同意＋确认”

同等前提的假设	
类似前提的假设	
不同前提的假设	
解决个别问题的假设	

同意＋假设的谈话技巧

具体技巧详见下页。在得知客户对于附加特殊条款的见解之后，当即作出反应，或是进一步对特殊条款提出有针对性的建议，或是马上与客户探讨如何降低保费。现实中很多优秀的业务代表具有这样的职业本能，结合“分解技巧、反复演练”的角度加以分析，无疑更具启发、利于掌握。

因此，设置一个前提条件，不断地以“同意＋假设”施加影响，客户吐露心声或者当即拍板的可能性也大大提高。

“同等前提的假设”：设置相同的前提条件，促使一锤定音。

“类似前提的假设”：调整特殊条款或保费，促使客户内心的天平有所倾斜，观察对方更倾向于哪一个。

“不同前提的假设”：去掉每五年定期分红的砝码，天平彻底倾斜。

“解决个别问题的假设”：可以设置自由度高的假设条件，下文比较主险保费与整体保费就是一例。

巧妙借助“同意+假设”的分解技巧，揣摩客户的真实心意并且循循善诱，引导客户的成功率也大为提高。

客户的观念

每五年定期分红、带特殊条款的终身保险虽然可以添加各类特殊条款，但是保费也很高。

业务代表的“同意＋确认”

同等前提的假设	这样啊？那么，假设同为每五年定期分红、带特殊条款的终身保险，但是保费可以调整，是否有兴趣了解一下呢？
类似前提的假设	这样啊？那么，假设保险类型不变，但是可以改动特殊条款从而调整保费，是否需要向您介绍？
不同前提的假设	这样啊？那么，改变险种，而且没有每五年定期分红，您是否接受？
解决个别问题的假设	这样啊？那么，假设主险的金额不变，但是整体保费可以调整，这样是否可以？

图解 22 同意 + 转换

同意+ 转换的位置

“同意+ 发挥”的分解技巧介绍至此，若能按照“同意+确认”、“同意+ 举例”、“同意+ 追加”、“同意+ 假设”的顺序逐一展开，效果更为显著。当然，结合与客户的亲密程度以及彼此的了解，省略部分环节、重点强化“同意+ 假设”也是可能的。

另一方面，笔者接下来讲解的“同意+ 转换”虽然也属于“同意+ 发挥”的分解技巧之一，但可以穿插在其他技巧的任意一环。结合客户的反应，或能产生戏剧性的变化，堪称强力武器。

“同意+ 发挥”的分解技巧

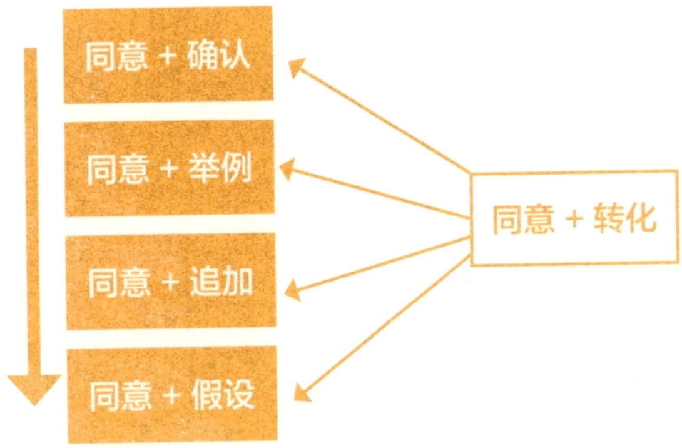

同意+转换的组成

“A部分不错，但是B部分不好。”当客户抱有此类心态时，“同意+转换”便大有用武之地。若是彼此有所了解的客户，往往不会一口否定，而是左右为难，既有理解或赞同的一面，又有担忧或反对的一面。

此时，“同意+转换”的分解技巧可以出奇制胜。“A部分不错，但是B部分不好。”在表示同意之后，不妨把话反一反说：“B部分虽然不好，但是A部分还不错吧。”笔者称之为结尾转换。

按照日语的表现形式，结论放在句末实属寻常。客户虽然把“B部分不好”作为结语，但是也没有否认“A部分不错”的一面。因此，试着把“A部分不错”作为结论并向客户确认。只要客户不否定A部分（根据以往经验大多不会），那么双方就可以围绕A部分轻松畅谈。

“A部分不错，但是B部分不好。”面对犹豫不决的客户，请务必尝试一下这则分解技巧。

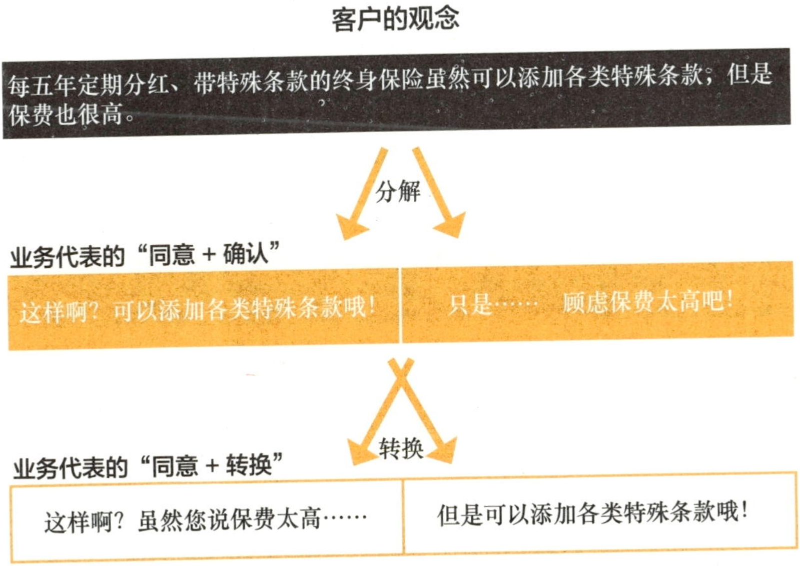

引导实现同意+转换

笔者时常听到这样的疑惑或见解:"同意+转换"确实有效，但只在客户认为"A 好B 不好"时发挥功能，用途实在有限。

事实上，"A 好B 不好"的判断可以引导，请读者朋友参考下文的引导办法。

在对方表示异议或担忧时，可以先加一句"非要这么说的话"，借此表达对这个话题的关注和对客户的关心。相比于单刀直入的询问，预先"同意+确认"更有助于话题的展开。

若能朝着"同意+转换"的方向引导，即便客户表明自身的疑惑或担忧，依然可以实现转换。接受客户的观点，毫不为过地说，这是大部分商务谈判的必备前提。因此，“同意+ 转换”也可在大部分商务谈判中发挥作用。

从这个角度来看，遭到拒绝不足为惧，反而或许是个机会呢？转换自身思路之后，签约率也能实现飞跃。

客户

每五年定期分红、带特殊条款的终身保险虽然可以添加各类特殊条款，但是保费也很高。

业务代表

“这样啊？确实，以我的经验来看，退款确实很难。而且，附加每五年定期分红的特殊条款，保费也降不下去。”（同意 + 确认）

业务代表

“不过，如果您有感兴趣的部分，可否告诉我呢？”（“同意 + 转换”的引导）

客户

“我知道可以附加很多特殊条款，但保费还是太高。”

转换

业务代表

“这样啊？虽然您说保费太高，但是可以添加各类特殊条款哦！”（同意 + 转换）

第5章

通过提问亲近对方，必能实现签约

本章要点

图解 23

提高亲密度并实现签约的过程

掌握不落入纠纷或伪装的亲近办法

图解 24

清洗提问

清洗提问，彻底弄清疑问和担忧

图解 25

挖掘提问

不断深挖的谈话技巧，找出客户最大的担忧

图解 26

诱导提问

提出假设，指明方向，通过提问引导客户

图解 27

总结提问

掌握实现亲近的总结提问技巧

本章前言

识别自身的动机因素（第 1 章）、识别对方的动机因素（第 2 章）、业务吸引（第 3 章）、掌控（第 4 章），这是一个依次展开的业务流程，本章所要介绍的则是下一步的关键技巧——亲近。

在演练的过程中，业务流程的中断时有发生。关于失败的原因，回答最多的就是无法更进一步。换言之，无法亲近，或者刚试着亲近就被拒绝，或者亲近了一阵就被疏远。

假如存在自然实现亲近的分解技巧，相信无人不想掌握吧？如何减少被人说“不”的次数，这也是人人都会感兴趣的话题。

本章重点介绍实现亲近的谈话技巧，且听笔者一一道来。

通过分解技巧实现飞跃。

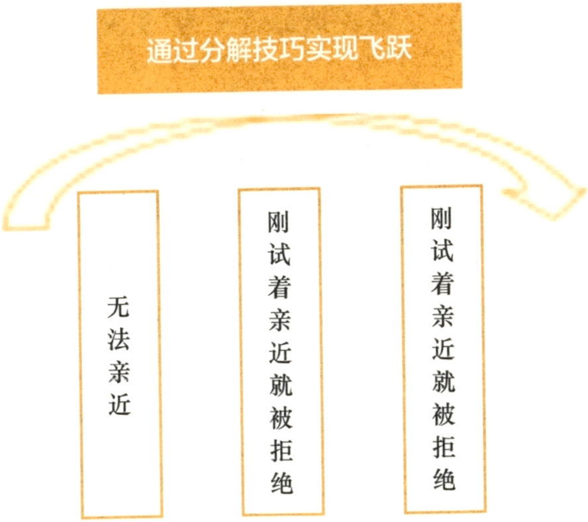

图解 23 提高亲密度并实现签约的过程

什么是纠纷型和伪装型

随着业务流程的推进，我们总算进入与客户亲近的阶段。根据不少参加“分解技巧、反复演练”的学员反映，“亲近很难做到”，“并不擅长与人亲近”。客户与你一拍即合，当场就在合同上签字盖章，合同产生效益，与客户实现双赢……这种理想状态固然美好，但现实并非一帆风顺，亲近为什么就这么难呢？

根据学员的反馈，主要基于2条原因：或是“中途产生纠纷，试着亲近却被拒绝”；或是“之前进展顺利，一到亲近阶段立马就被拒绝”。笔者把前者称为“纠纷型”，把后者形容为“伪装型”。

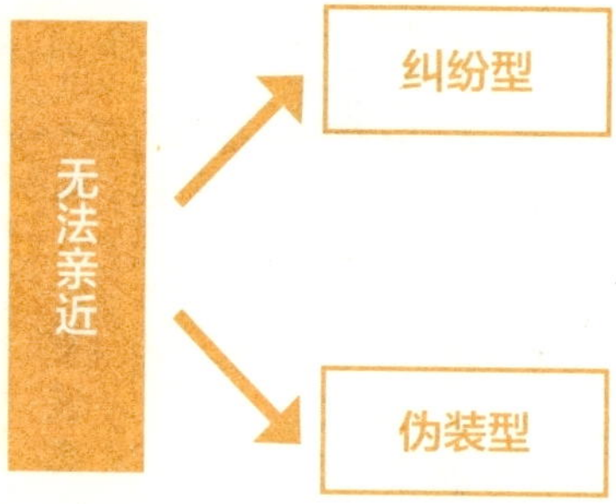

纠纷型和伪装型的特征

“纠纷型”就是中途出现各种异议和担忧，最后难以收拾。

根据纠纷产生的时期，纠纷型可分为开局、中途、尾声三个阶段类型。其中，尾声的纠纷最让人头痛，一旦发生，基本疲于招架。

若是开局和中途产生的纠纷，之后拨乱反正的可能性也还是不低的。只不过，原本通过一定的办法化解纠纷，从而实现签约，而到了纠纷产生的时候，这个办法就再也不灵了。

与之相对，“伪装型”就是客户在交流中并没有明确表示反对或担忧，业务代表误以为客户也有成交的意愿，结果想更进一步时却被一口回绝。

“伪装型”基本不会在中途产生纠纷。一旦问题发生，业务代表难免举棋不定，纠结于是否投入更多的时间和精力。而且，无法亲近的客户貌似越来越多。

难以攻克的客户不断增多、不知该如何更进一步……此类业务代表往往束手无策，而且遭遇“伪装型”的概率还不低。

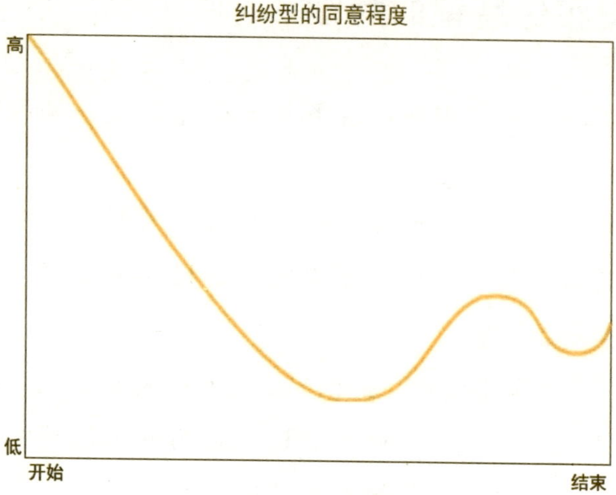

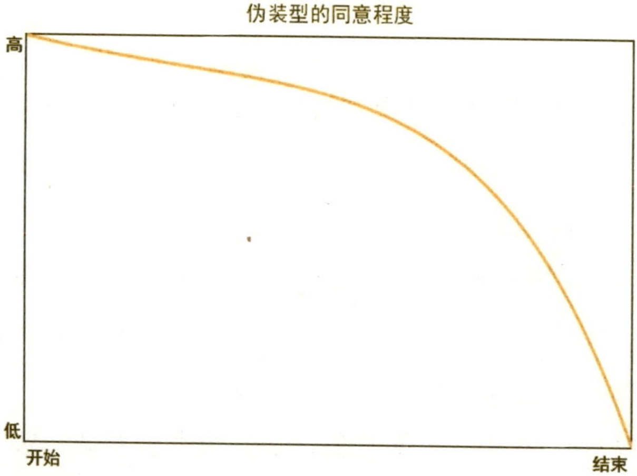

一定时期内提升同意程度

为了避开纠纷、不陷入表面的同意、与客户沟通更进一步，这要求我们在商务交流中给客户带来一定时期的同意程度提升。

即便接受了客户的意见或担忧，业务代表务必保持清醒的认识：在商务交流的初始阶段，同意度其实很低。但是，只要在一定时期实现提升即可。

而且，这个过程未必可以直线上扬、一蹴而就。如有必要，需要反复拉升，直到成功实现亲近。

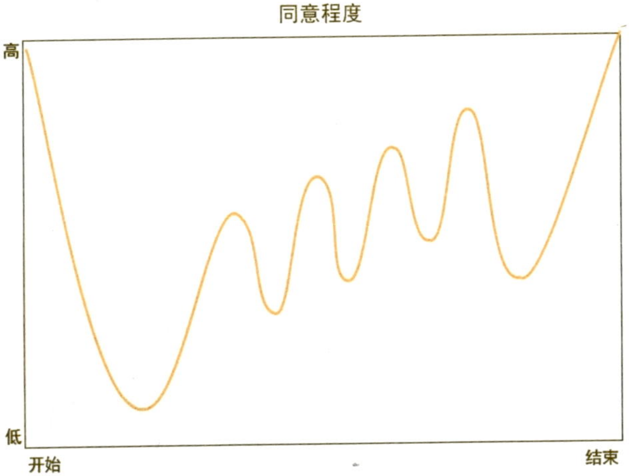

掌握提问技巧，迅速达成共识

无论“纠纷型”还是“伪装型”，如果亲密度迟迟无法提升，借助一项简单易懂、人人都会的技巧，一定可以解决问题。通过“分解技巧、反复演练”的实践反馈，笔者对此深信不疑。

对于公司内外的会议，尤其独自面对10人左右时，这则技巧尤为有效。在拙作《推动团队进步的简易技巧》（日本扶桑社2016年出版）中，笔者在讲解“会议如何达成共识时”曾介绍过这则技巧。

此外，在日经商务周刊主办的“领导力训练”专栏中，笔者把这则技巧奉为“一小时内达成共识的神奇手段”。在面向丰田集团及关联企业的董事和管理层、三得利集团业务代表等的定期培训中，笔者也不遗余力地推荐这则技巧。

它就是“提问”。也许很多人觉得简单，但也因为如此才被大众学习、掌握，继而取得成果。

本书把提问技巧套入一对一的商务场景之中，并通过图形进行解释。

希望各位读者朋友都能从中有所收获。

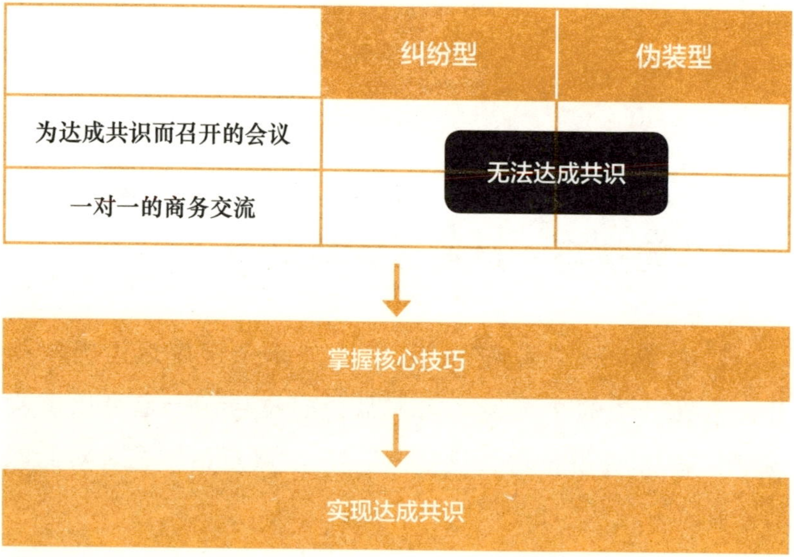

4 种提问技巧

与客户达成共识、成功推进业务的提问技巧详见下图。

首先是“清洗提问”，借此扩大提问范围。

其次，通过“挖掘提问”对某个特定问题进行深入挖掘。

第三是“诱导提问”，最后是“总结提问”。

借助4 种提问技巧试着与客户更进一步，循环往复，一定可以达成共识。让我们照着图例逐个分析。

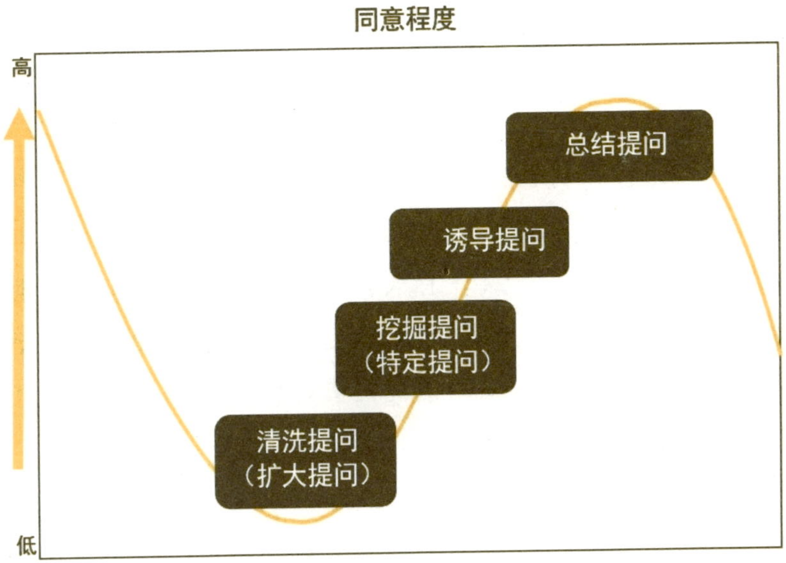

图解 24 清洗提问

什么是清洗提问

“清洗提问”顾名思义是为了进一步消除异议和担忧而做的提问，如下页所示：“还有进一步要问的吗”、“其他还有问题吗”、“请尽管提问，细枝末节也无妨”……一般说来，10 ~15 分钟可以问完。

在会议和商务交流伊 始试图打消对方的异议和担忧，这需要极大的勇气。或许有人认为，只要异议和担忧没有表面化，那就可以签约了吧。但是，根据演练的结果，笔者可以肯定，如果异议和担忧没有打消，那就不可能真正达成共识。

毕竟，打消异议和担忧是达成共识的第一步。毫不为过地说，能否达成共识取决于问题是否都已澄清、是否具有解决一切疑问的决心。

“清洗提问”实例
还有进一步要问的吗?
如有异议和担忧，请不必顾虑。
其他还在担忧什么吗?
感觉您不太放心。
请尽管提问，细枝末节也无妨。

绝不可敷衍了事

讲解至此，读者朋友常见的疑问不外乎以下几个：“如今才来打消异议和担忧，成事不足败事有余吧！”、“万一引起纠纷怎么办？”……

其实，纠纷起源于对异议和担忧的敷衍。也许有人就此认为：“绝不敷衍了事，必须马上解决异议和担忧。”但是，此时暂且搁置或许更为明智。“之后再做解释、打消，暂时搁置吧。”这正是避免纠纷的金科玉律。

在清洗提问的阶段，业务代表绝不可简单应付。保持认真聆听的姿态，反复确认没有异议和担忧，为达成共识打下坚实的基础。

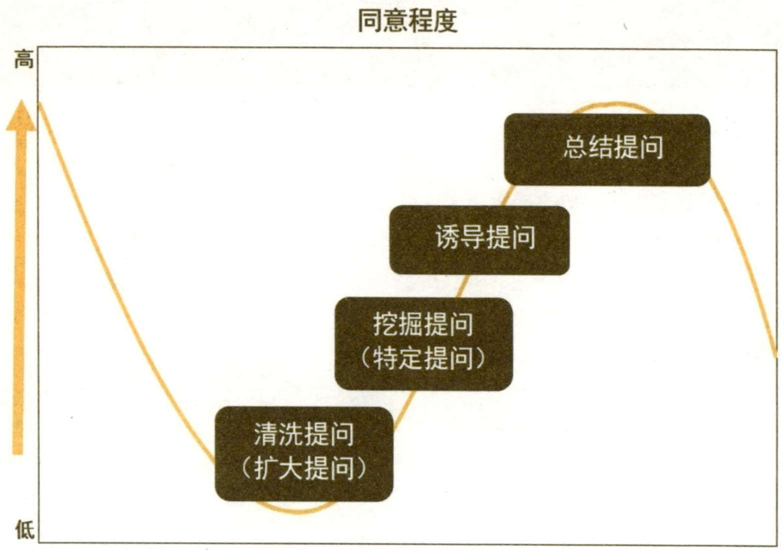

清洗提问的演练

“清洗提问”可以借助扩大提问的技巧。扩大提问就是答案多种多样，客户回答时不会感到压力。由于是开放性提问，也不知道客户会怎样回答。

因此，清洗提问时切勿把话题集中到某一点，例如“请告诉我一个您不同意或者担忧的问题”、“你最关注的是什么”。以往的各类培训都在强调尽可能地汇总客户的问题，业务代表的工作方式必须有所改变。

笔者在此重申：在清洗提问的阶段，切不可敷衍了事，也不能缩小话题范围，保持聆听的姿态，这对于达成共识来说必不可少。

请读者朋友设想一下商务交流的场景，然后写下自身的“清洗提问”吧。

“清洗提问”举例

图解 25 挖掘提问

什么是挖掘提问

通过“清洗提问”打消异议和担忧之后，便可转入“挖掘提问”阶段。与字面意思相同，“挖掘提问”旨在找出异议和担忧之中最深刻的部分。

以下文为例，笔者集中罗列了几个问题。

值得注意的是，“挖掘提问”需跟在“清洗提问”之后，顺序千万不能搞错。

而且，随着挖掘提问的深入，或许会感到此前的清洗并不充分。此时，如果在清洗提问和挖掘提问的过程中往复、半途而废，双方终究无法达成共识。所以，感到清洗不充分时，建议从零开始、重新清洗。

“挖掘提问”的举例
您列举了3点担忧，其中哪一点最让您担心呢?
在您所关注的事项中，哪一条需要最先解决?
感觉都是重要的问题，应该按照怎样的优先级排序?
在您所列举的要点中，A和B哪个更让您担心?
哪一点您觉得是不能接受的?

“挖掘提问”的演练

“挖掘提问”可以采用特定提问的技巧。特定提问决定了答案的唯一性，所以回答的一方也是倍感压力。对于提问来说，因为答案范围不广，所以焦点容易集中。

方法也是多种多样，或是二选一，或是只能挑出一个，或是分出先后。例如：“A和B哪个更担心”、“三选一的话你会怎么选”、“列举的事项按优先级应该怎么排”……

请设想一下商务交流的场景，写下自身的“挖掘提问”吧。

“挖掘提问”的举例

图解 26 诱导提问

什么是诱导提问

“诱导提问”就是通过提问设置前提条件，继而加以确认：“只要同意这个前提，就可更进一步吧。”

假设通过“挖掘提问”发现客户最担心的是“保费超出预算”，此时的诱导提问可以是：“若是削减附加特殊条款的种类，保额下降之后保费也就合乎预算了，是否可以考虑一下呢？”

如果对方就此同意，双方便可朝着这个方向进一步研究。即便对方拒绝，依然可以设置别的前提条件，发掘促成业务的可能性：“保额不变，看看变动特殊条款的种类会是如何吧？”

“诱导提问”的举例
假设变更保险期限后保费合乎预算，你是否愿意听一听?
如果变更保险种类可以满足客户需求，是否要比较一下呢?
假设重新设计特殊条款后可以规避绝大部分风险，您是否感兴趣呢?
合理分配资金可以灵活缴纳保费，需要我向您介绍一下吗?
若是一个保险产品同时满足意外伤害、医疗养老、资金分配的要求，您是否考虑?

如果不知怎样提问，不如直接询问对方

关于达成共识的4种提问，笔者曾询问参加演练的学员哪一种最难？结果，选择诱导提问的人占了绝大多数。

其中，“诱导不力”、“突然不知道该怎么引导了”的声音更是占了一大半。此时，笔者的建议是直接询问客户。

回到先前“保费超出预算”的例子，假设业务代表想不出可以引导客户的问题，不如直接问问对方:“为了合乎预算，您觉得该怎么办呢？”

按照先前的说明，如果对保险产品已有一定程度的了解，可以具体询问客户的意见，例如减少保额、变更缴费期限或投保期间、附加特殊条款的取舍等。如果无法向客户求证，至少也可以说一句:“请给出建议。”

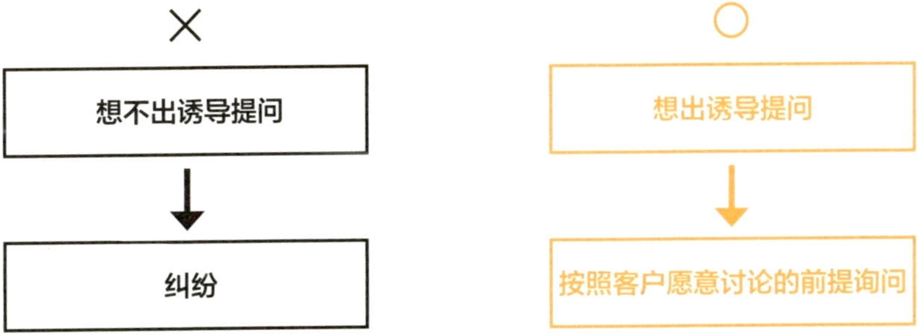

诱导提问的演练

其实，就“诱导提问”的内容向客户询问，这是金融、保险行业从业人员最不擅长的事情。向参加演练的学员确认之后，发现问题在于他们总想给出最为恰当的回答。但是，客户最信任的却是可以聆听自身意见的业务代表。所以，如果对诱导提问没有什么头绪，不如直接询问客户。

而且，诱导提问必须以问题的形式提出，而不是解释、说明诱导的内容。假设客户最大的担忧是“保费超出预算”，实际在进行诱导提问的演练时，纯粹说明、提议的学员也是不乏其人：“减少附加特殊条款的种类，保额下降后保费也合乎预算了。”在金融、保险行业之内，这样的业务代表虽然具体比例不知，想必也是大有人在。

凭此一点，笔者不由揣测：金融、保险行业的从业人员主要还是以说服对方为主吧。

请读者朋友设想商务交流的场景，然后填入自身的诱导提问吧。

“诱导提问”的举例

图解 27 总结提问

什么是总结提问

为了进一步推进业务而进行归纳总结，所提的问题就是“总结提问”。也先前的技巧同理，关于归纳的表达也不应以说明为主，而是按照下页的提问形式展开为佳。

回到讲解诱导提问的前提条件：“若是削减附加特殊条款的种类，保额下降之后保费也就合乎预算了，是否可以考虑一下呢？”

而且，研究的结果是减少特殊条款的保额后保费合乎预算，于是便可展开“总结提问”：“那么，我们是否可以办理合同签订手续呢？还有别的顾虑吗？”

“总结阶段还要提问”、“需要那么啰嗦吗”……金融、保险行业的不少从业人员对此不以为然。只有这样不嫌啰嗦，连续性才有保障，对方也更加易于接受。

在历经保险业务代表、企业保险业务代表、国内保险公司营销部科长、外资保险公司培训经理以及咨询顾问和咨询机构负责人等多个角色之后，笔者对此深信不疑。

"总结提问"的举例
您是否没有顾虑了呢？是否可以办理合同签订手续呢？
疑点是否都已消除？可以的话请在合同上签字盖章吧。
最新的提议是否满足您的要求？可否办理签约手续了呢？
通过这次的比较分析，是否已经没有疑问？之后有几份文件还请过目。
对于变更后的产品计划是否还有问题？可以步入下一个环节了吗？

通过总结提问转入下一个议题

在"清洗提问"之后，"总结提问"可以把议题推入下一环节。

"若是削减附加特殊条款的种类，保额下降之后保费也就合乎预算了，是否可以考虑一下呢？"通过诱导提问设置前提条件，讨论的结果是减少特殊条款的保额从而使保费满足预算。

为了步入下一个议题，总结提问会把握时机、抛出问题："关于保费合乎预算这一点，减少特殊条款的保额就可以了吗？稳妥起见，我想再确认一下。"

如果对方表示同意，便可继续以"总结提问"的方式转入下一环节："那么，我们开始讨论下一个问题点吧。"

“总结提问”的举例
最重要的问题点是否已经解决？那么，开始讨论下一个要点吧。
关于希望最先讨论的要点，是否已经没有顾虑了？如果是，我们继续下一个的讨论。
基于我方的提议，您最大的顾虑是否已经消除？我可以问你下一个问题了吗？
经过最新的计算，这点得到解决了吧？转到下个问题，是否可以交换一下意见呢？
优先级排第一的要点已经没有疑问了吧？让我们讨论排第二的问题吧。

总结提问的演练

通过提问达成共识是个循环往复的漫长过程，直到异议和担忧彻底消除才算大功告成，曾有人悲观地认为：“这个过程永远没有尽头。”当时，笔者建议他亲身体验达成共识的过程，并且还收到了体验报告。此外，关于客户最大的异议和担忧，笔者的实践经验是：只要交替采取4种提问技巧，75%的人可以一步到位、实现业务更进一步。

换言之，对于二号异议和担忧，即便跳过“诱导提问”和“总结提问”，照样可以满足客户、促成业务。

再者，对于剩余的25%来说，基本可以在第三遍时实现与客户的亲近。所以，只有亲身实践，才知道“过程永远没有尽头”的念头完全就是杞人忧天。

接下来请读者朋友设想商务交流的场景，然后填入自身的总结提问。

"总结提问"的举例

第 6 章

立足动机因素解决问题

本 章 要 点

图解 28

立足动机因素的掌控

学习动机因素的组合技巧，合理把握客户

图解 29

立足动机因素的亲近

学习动机因素的组合技巧，与客户进一步亲近

图解 30

立足动机因素的领导能力

立足动机因素，学习组织管理、问题解决等领导能力

本章前言

至此，关于商务人士如何飞速提升自身表现水平，我们通过前三章习得核心技巧：首先，着眼“动机因素”，学习如何识别（第1章）。其次，基于动机因素，合理发挥领导能力（第2章）。然后，通过动机因素促进业务发展（第3章）。

之后，提升商务水平、巧妙掌控客户（第4章），促进业务更进一步（第5章），笔者也以图解的形式分别介绍。

在最后的第6章中，笔者重点讲解立足于动机因素的掌控、亲近以及领导能力。

以上方法可谓将核心技巧与业务推进技巧相结合。而且，动机因素不仅可分解为对客户的引导即业务推进，还可转化为对公司内部员工的领导。因此，如何立足动机因素发挥领导能力，这也是本章重点讲解的内容。

笔者坚信，无论是对外拓展业务，还是对内领导员工，提问的巧拙程度反映解决问题能力的高低。无论如何，首先催促外部客户和内部员工解决问题，继而判断是否可以助自己一臂之力。从这个角度来说，动机因素也是实现内外问题解决的核心技巧。

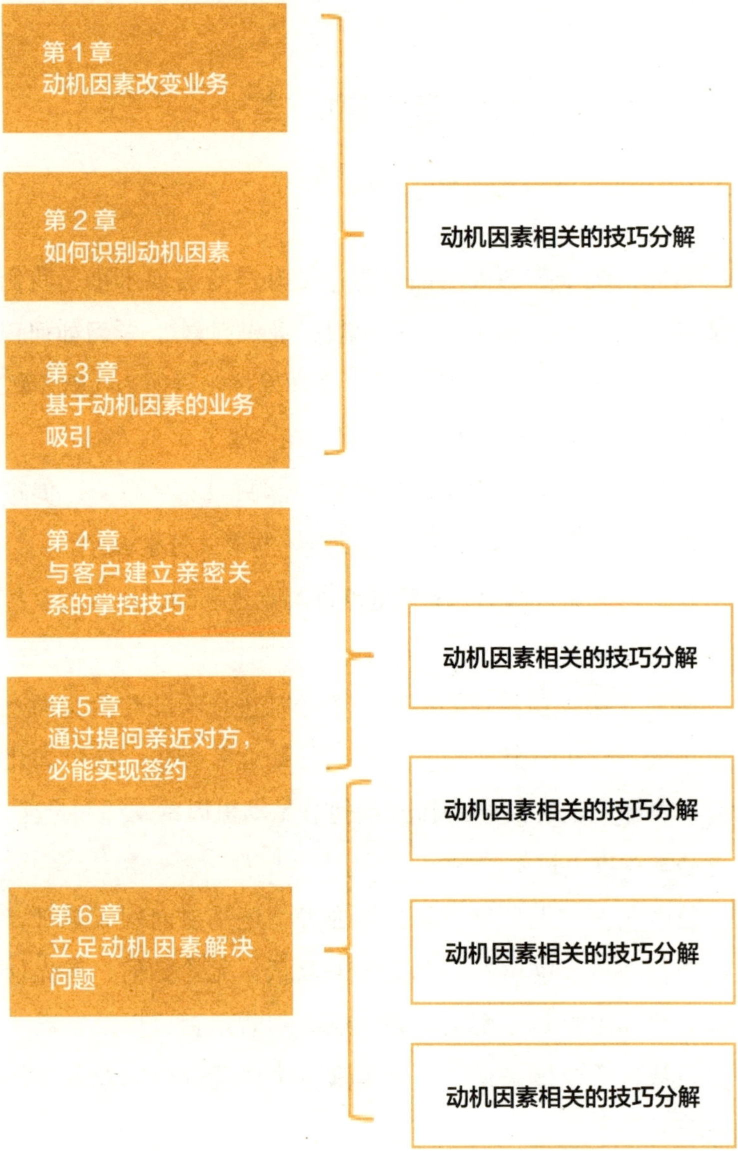
第 1 章
动机因素改变业务
第 2 章
如何识别动机因素
第 3 章
基于动机因素的业务吸引
动机因素相关的技巧分解
第 4 章
与客户建立亲密关系的掌控技巧
第 5 章
通过提问亲近对方，必能实现签约
动机因素相关的技巧分解
第 6 章
立足动机因素解决问题
动机因素相关的技巧分解
动机因素相关的技巧分解
动机因素相关的技巧分解

图解 28 立足动机因素的掌控

掌控技巧的哪些环节可以穿插动机因素

第4章讲解的是与客户建立亲密关系的掌控技巧，在读者朋友看来，哪些环节可以穿插动机因素呢？

识别并围绕客户的动机因素交流，其中哪些因素有助于更好地掌控客户呢？

向“分解技巧、反复演练”的学员征询意见后，发现最能穿插动机因素的环节是“同意+追加”、“同意+假设”和“同意+转换”。无论掌控的发挥空间有多大，只有立足客户的动机因素才更能收到效果。

接下来，我们具体分析一下“同意+追加”、“同意+转换”等如何穿插动机因素吧。

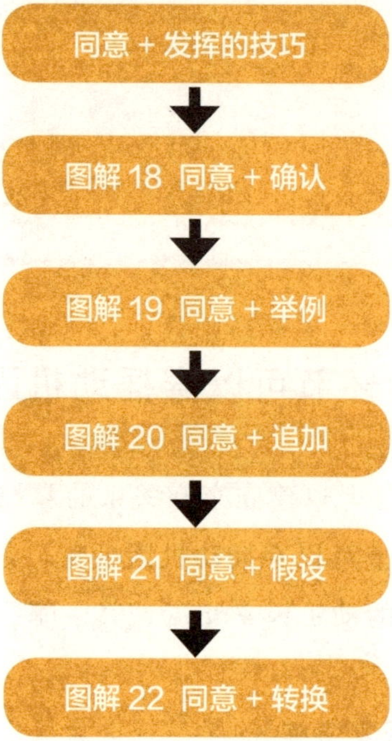

立足动机因素的“同意+ 追加”

首先，试着把“同意+ 追加”与动机因素组合。例如，某客户兼具“目标达成”的动机因素和“先进性”的购买欲因素，若能围绕这两点娓娓道来，客户的兴致大为提高，业务推展也顺利许多。

基于“分解技巧、反复演练”的实践经验，对于目标达成型的人来说，“成长”、“挑战”、“风险”、“达成”等字眼更能激起他们的斗志。同理，“自律”、“艺术”、“规律”、“创造”等关键词更能打动“自律斟酌”和“独立性”的人群。“地位权限”

和“象征性”的人则更容易被“权威”、“认知”、“经济发达”等打动。

其他，“协调他人”和“普遍性”对应“社会关系”、“协调”、“归属性”、“交流”，“安定保障”和“稳定性”对应“环境”、“安定”、“一贯”、“安全”，“公私平衡”和“平衡性”对应“舒适”、“家族”、“平衡”、“多样性”。

客户的观念

每五年定期分红、带特殊条款的终身保险虽然可以添加各类特殊条款，但是保费也很高。

业务代表的“同意＋确认”

其他目的 其他种类 选项追加	这样啊？假如可以设计其他种类的保险，是否想了解一下呢？种类不同，保费也不一样。

立足动机因素的“同意＋追加”

		立足动机因素的“同意＋追加”举例
目标达成	先进性	虽然刚刚问世，却是最新型的保险，是否感兴趣呢？
自律斟酌	独立性	我已经过各种演算，还请您研究、判断。
地位权限	象征性	请允许我为您介绍面向高端人士的保险产品。
协调他人	普遍性	这是最受大众欢迎的产品，希望您也能喜欢。
安定保障	确定性	这款产品解约后返现最多，还请您参考、比较。
公私协调	平衡性	本产品兼顾医疗保障和资金平衡，相信符合您的期待。

立足动机因素的“同意+ 转换”

“同意+ 转换”与动机因素如何组合？只要给结尾转换的内容加上动机因素即可。

对于6类不同动机因素的人群，只要按照其对应因素加以演算或提议，掌控就会容易许多。

其实，许多业务精英凭借自身的经验与直觉已在执行这个方法。因此，他们的方法难以效仿，只可意会，不可言传。

不过，笔者采取分解技巧的方式，只要分门别类地加以演练，人人都能学会，而且切实可行。若能勤学苦练以至于成为习惯，掌控水平自然大大提高，成为业务精英也是指日可待。

客户的见解

我知道可以附加很多特殊条款，但保费还是太高。

业务代表的“同意＋确认”

这样啊？虽然您说保费太高，但是可以添加各类特殊条款哦！

立足动机因素的“同意＋追加”

		立足动机因素的“同意＋追加”举例
目标达成	先进性	虽然刚刚问世，却是最新型的保险，是否感兴趣呢？
自律斟酌	独立性	我已经过各种演算，还请您研究、判断。
地位权限	象征性	请允许我为您介绍面向高端人士的保险产品。
协调他人	普遍性	这是最受大众欢迎的产品，希望您也能喜欢。
安定保障	确定性	这款产品解约后返现最多，还请您参考、比较。
公私协调	平衡性	本产品兼顾医疗保障和资金平衡，相信符合您的期待。

图解 29 立足动机因素的亲近

亲近技巧的哪些环节可以穿插动机因素

亲近技巧同样可以鉴别动机因素，请读者朋友从自身角度出发，想一想关于亲近的4点提问应当如何与动机因素相组合。

向“分解技巧、反复演练”的学员征询意见后，发现排名第一的是“诱导提问”，其次是“挖掘提问”。

“诱导提问”可以立足客户的动机因素、引导客户思路，业务更进一步的可能性自然大大提高。

“挖掘提问”可以围绕客户最容易激发兴趣的领域深挖，之后的业务开展自然容易许多。

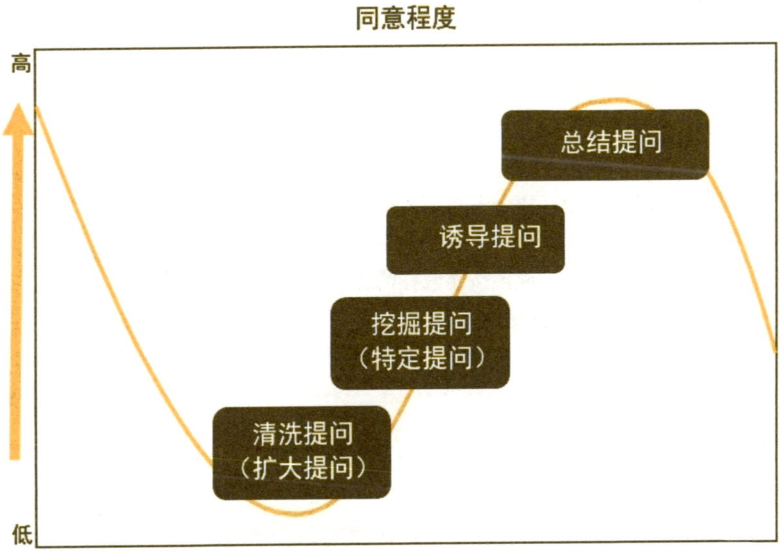

立足动机因素的“挖掘提问”

“挖掘提问”如何与动机因素组合？围绕客户的动机因素挖掘堪称最为有效的方法。

若能对客户的动机因素识别且把握不差，根据笔者经验，客户大多不会一口拒绝，业务也可顺利推进。

或许有人会提出质疑：“这不是勉为其难地引导客户吗？”不过，客户可不这么认为。正相反，他们觉得“你很了解我的心思”，彼此自然而然就亲近起来。

“挖掘提问”的举例
您列举了 3 点担忧，其中哪一点最让您担心呢?
在您所关注的事项中，哪一条需要最先解决?
感觉都是重要的问题，应该按照怎样的优先级排序?
在您所列举的要点中，A 和 B 哪个更让您担心?
哪一点您觉得是不能接受的?

		立足动机因素的“挖掘提问”举例
目标达成	先进性	果然还是在意不是最新产品吗?
自律斟酌	独立性	非常独立的产品，没有别的组合吧?
地位权限	象征性	即便从品牌行家来看，也无法对此视而不见吧?
协调他人	普遍性	范围能有多广也很重要吧?
安定保障	确定性	是否可以规避风险呢?
公私协调	平衡性	是否可以兼顾意外伤害和医疗保障?

立足动机因素的“诱导提问”

诱导提问如何与动机因素组合？立足客户的动机因素加以引导即可。

若能对客户的动机因素识别且把握不差，根据笔者经验，客户大多不会一口拒绝，业务也可顺利推进。

在立足动机因素演练“诱导提问”时，笔者常能听到的抱怨是：“即便立足动机因素与客户拉近距离，他还是不买我们的主打产品呀……”

对此，笔者的建议是，不妨试着实际诱导提问一回。

然后，你就会发现，在银行、保险公司推出的保险产品中，总会有几款符合客户需求。

而且，作为公司的主打产品，自然具有多方面的优点，相信总有一面可以引起客户的兴趣吧。

“诱导提问”的举例
假设变更保险期限后保费合乎预算，你是否愿意听一听？
如果变更保险种类可以满足客户需求，是否要比较一下呢？
假设重新设计特殊条款后可以规避绝大部分风险，您是否感兴趣呢？
合理分配资金可以灵活缴纳保费，需要我向您介绍一下吗？
若是一个保险产品同时满足意外伤害、医疗养老、资金分配的要求，您是否考虑？

		立足动机因素的“诱导提问”举例
目标达成	先进性	假如可以设计最新型的产品，您是否感兴趣呢?
自律斟酌	独立性	假如您可以自由设置特殊条款，您是否愿意尝试呢?
地位权限	象征性	这可是专门为您这样的上流人士设计，想了解一下吗?
协调他人	普遍性	如果提供的是最受大众欢迎的主打产品，您想看看吗?
安定保障	确定性	若能按照最低风险的角度设计产品，您可有兴趣?
公私协调	平衡性	倘若兼顾意外、医疗和资金的平衡，可否听我介绍?

图解 30 立足动机因素的领导能力

立足动机因素解决问题

根据先前的图文介绍，识别客户的动机因素对于业务推进、客户把握、实现亲近以及反过来由客户引荐等都具有显著效果。若能立足动机因素合理使用技巧，签约率就会大为提高。

不仅如此，动机因素可以解决一切商务难题，例如：管理下属、同事交流、下属与上司相处、高层与新人的沟通、总部与现场的关系改善、内勤与外勤的合作、客服服务水平的提高、企业并购的内部协调等。

基于20年来“分解技巧、反复演练”的实践结果，笔者坚信，若能识别并立足于客户的动机因素，问题的解决也就容易许多。

	当事人	效果
业务	业务代表	业务吸引
	业务代表	客户掌控
	业务代表	业务推进
	业务代表	客户介绍
管理	经理	管理下属
	同事	交流
	下属	与上司相处
	高层	与新人沟通
部门之间	总部	与现场改善关系
	内勤	业务合作
	客服	提升客服水平
	并购企业	与被并购企业的协调

“分解技巧、反复演练的能力开发培训”拆分后总计12项，每项练习2小时的6种分解技巧，便可完全掌握。

立足动机因素解决问题的演练

识别动机因素之后，问题多半迎刃而解，请读者朋友按照下页演练、亲身体验一下吧。

对于6类人群来说，接下来的课题就是面对各类动机因素的人。“分解技巧、反复演练”的学员同样经历过这样的训练。

面对抱有各类问题且动机因素不同的人群，试着提出建议吧。不过，这些建议非比寻常。因为摸准了动机因素，所以具有针对性且十分有效。

就演练来说，首先请读者朋友对照第15页确认自身的动机因素。毕竟，怎样为与自己抱有同样动机因素的人献计献策，答案也只有自己最清楚。

然后，对同类意向范围的动机因素先做研究，接着再转向不同意向范围的因素。

		问题	建议
意向牵引	目标达成	竞争激烈，目标太难实现，斗志全无	
	自律斟酌	大型企业流程繁琐，没有自主决定的权利，提不起干劲	
	地位权限	管理层臃肿，看不到上升空间，影响士气	
意向协调	协调他人	总部与现场对立，意图沟通不畅	
	安定保障	业绩目标太高，感觉工作不稳定	
	公私协调	连续加班和休息日出勤，毫无个人时间，显得无精打采	

立足动机因素解决问题的建议举例

下页的建议来自“分解技巧、反复演练”的学员。对于目标达成型的人来说，“与周围的人齐心协力解决”更像是针对

“协调他人型”的建议，自然毫无效果，最终还是要从达成目标的角度分析、解决问题。

“大型企业较为安全，待着不好么？”这显然正对“安定保障型”人群的口味，但对“自律斟酌型”的人来说，非但毫无作用，反而觉得对方不了解自己，继而关系紧张。

若是苦于晋升无望的“地位权限型”人群，“今后注重公私平衡、充实个人生活”的建议或许对“公私平衡型”有用，但对自己来说，岂止毫无干劲，还会心生负面情绪：“这是不需要我的意思吗？”

事实上，问题迟迟不能解决的现状并不少见。人们或是把握不准动机因素，或是自以为是地把对方归为一类人，或是越看越模糊，或是识别后沟通有误。

立足于动机因素提出建议，从商务的角度来说，这可以极大地推动问题解决，有助于业务展开。

		问题	建议
意向牵引	目标达成	竞争激烈，目标太难实现，斗志全无	在具有优势的领域挑战一下吧。
	自律斟酌	大型企业流程繁琐，没有自主决定的权利，提不起干劲	提出流程修正案，怎样？
	地位权限	管理层臃肿，看不到上升空间，影响士气	希望我能指派超出当前权限的项目组成员，是否可以考虑？
意向协调	协调他人	总部与现场对立，意图沟通不畅	建立与前方的联络机制，明确对接窗口。
	安定保障	业绩目标太高，感觉工作不稳定	适当设置具体且有弹性的目标，是否可以安心？
	公私协调	连续加班和休息日出勤，毫无个人时间，显得无精打采	重新调整日程安排，包括业务时间在内。

立足动机因素的组织结构

识别动机因素不但可以解决问题，也有利于组织建设。

假设你可以按照如下的表格指派人员，具体会布置哪类动机因素的员工呢？业务•涉外、开发•企划、经营•管理、顾客•窗口、财务•会计、人事•教育，按照这个架构，请考虑合适的人选，给相应的动机因素画○。

		业务涉外	开发企划	经营管理	顾客窗口	财务会计	人事教育
意向牵引	目标达成						
	自律斟酌						
	地位权限						
意向协调	协调他人						
	安定保障						
	公私协调						

立足动机因素的组织结构演练

统计“分解技巧、反复演练”的学员回答，分别选出最多的一项，具体如下页所示。

诚然，“业务·涉外”属于目标达成，“开发·企划”归为自律斟酌，“经营·管理”对应地位权限，“顾客·窗口”匹配协调他人，“财务·会计”吻合安定保障，“人事·教育”则是公私平衡。

不过，这只是出于人们的惯性思维。从实际来看，人事未必就是公私平衡型，财务也不全是安定保障型。其实，笔者并没有要求学员每项只选一个，但大部人都是这么做的，这同样说明了惯性思维的存在。

笔者并不反对少数服从多数，只是希望确认事实。目标达成是否确实适合业务和涉外人员？从事企划和开发一定需要自律斟酌吗？经营和管理是被地位权限垄断了吗？顾客和窗口就只能由协调他人型的人群来做？

那么，请读者朋友给每项工作选出2 个动机因素吧。

		业务涉外	开发企划	经营管理	顾客窗口	财务会计	人事教育
意向牵引	目标达成	○					
	自律斟酌		○				
	地位权限			○			
意向协调	协调他人				○		
	安定保障					○	
	公私协调						○

构建组织结构的动机因素并非只有一个

根据学员的回答，笔者按照由多到少筛选，最后成果详见下页。

可以说，这也反映了一些商务人士的普遍想法。

在目标达成的基础上，“营业·涉外”还掺入通过具体表现获得晋升的野心。“开发·企划”既需要自律斟酌带来的革新，也期待整个团队的共同研发。“经营·管理”除了统率的领导作用之外，还需要着眼于中长期的持续经营。

同理，“顾客·窗口”并不仅限于与他人协调，而且观察顾客个人网站与公司网址，多少有些公私平衡的意味。“财务·会计”虽然一直以来都是安定保障的代名词，但是一旦被上升到合伙人的位置，那就要目标必须达成了。“人事·教育”虽然脱不开公私平衡的第一印象，但是员工渐渐形成自律斟酌的观点，随着业务推进也不禁憧憬成为合伙人。

基于20年来推行“分解技巧、反复演练”的经验，笔者坚信：立足于6类动机因素的领导能力、立足动机因素的组织建设，两者可以促进企业和团体的进一步发展，并且终将成为整个国家兴旺发达的基石。

		业务涉外	开发企划	经营管理	顾客窗口	财务会计	人事教育
意向牵引	目标达成	○				○	
	自律斟酌		○				○
	地位权限	○		○			
意向协调	协调他人		○		○		
	安定保障			○		○	
	公私协调				○		○

后记

通过“分解技巧、反复演练”实现行为变革

“无论说得多么天花乱坠，终究对业务没有帮助，也无法转化为行动。”在给企业和团体做培训时，面对这样的课题，笔者认为，问题在于企业和团体只是“制定战略并高喊口号，实际未必就能实现”。

理论、道理、战略、口号，与之对应的观念的转变并非一日之功。“道理虽然明白，但是该怎么做？”嘴上说着改变思想、实现新目标的商务人士，一想到这个问题就不再深究，听凭时间流逝。遗憾的是这样的人并不在少数。

那么，具体该怎么做呢？基于培训讲师、咨询顾问、为企业和团体提供支持的经历，笔者认为，当前最为有效的办法就是把核心技巧（按照笔者的说法就是分解技巧）进行反复演练，继而促使行为发生变革。

不断分解的技巧本身很简单，无论是否具备商务经验和其他技巧，均可学习掌握。而且，因为简单，反复演练也就不难。一旦技巧练成，便可变革行为。

在笔者看来，从部分开始变革行为，转变观念，实现战略目标，这些都离不开这则简单易学的技巧。

换言之，并不是“意识改变行为”、“战略改变行为”，而是“行为改变意识”“行为实现战略”。因此，笔者将“分解技巧、反复演练”视为商务行为变革的关键。

公开技巧的想法

在咨询界，仅仅面向付费客户公开资料的做法可谓屡见不鲜。但是，笔者选择与之相反。毫无保留地公开技巧，使得广大商务人士迅速活学活用，这是笔者身为咨询师和培训讲师应尽的责任。

待到广大商务人士灵活运用之时，笔者希望能站在下一个舞台上大显身手。

本书介绍的技巧来自“分解技巧、反复演练能力开发培训”。在钻石社自2014年6月开始连载的《不靠谱的人事足以毁灭公司》专栏中，笔者已对其背景及具体技巧做了介绍。

再者，日经商务网自2015年6月起连载《目瞪口呆！令人激动的10分钟训练》。主要是面向企业经理的培训，重点讲解演练的步骤及构成。此外，笔者还在哈佛商务网发表题为《通过分解技巧和反复演练改变人生》的专栏。主要面向下一代的企业家，具体介绍培训相关内容。

2016年3月，培训的部分内容作为自我训练技巧而被编入《推动团队进步的简易技巧》一书（扶桑社出版），至今已加印两次。

正因为技巧公开，笔者从中意识到“分解技巧、反复演练能力开发培训”的必要性。因此，笔者也加快了脚步，力所能及地为那些需要提供帮助的企业和团体施以援手。

技巧来自“分解技巧、反复演练”的学员

而且，笔者公布的技巧或者直接的帮助若能为广大企业、团体和商务人士增添一臂之力，那都是推行已有20多年的“分解技巧、反复演练能力开发培训”的功劳。正因为来自全国乃至全世界各地的商务人士投身其中，为笔者的研究带来大量的实例、资料等素材。

从这个层面来说，对于迄今为止所有参加过“分解技巧、反复演练能力开发培训”的学员，笔者在此表示由衷的感谢。

关于本书介绍的内容，高间邦男先生（Human Value董事长）自培训研发阶段便不遗余力地对笔者多有指导。此外，肯·布兰切特先生（《只做1分钟的经理——让下属成长的3条秘诀》）对于笔者创立并完善这项培训多有影响，而且，自笔者于日经商务网发表连载之时，他便对笔者多有帮助。

藤村修先生（足长育英会副会长）、宫原博之先生（八十二银行执行董事）、藤原孝雄先生（静冈银行次世代管理培训Shizuginship 事务局局长）、武富正夫先生（第一生命保险常务董事）、马场信明先生（日本兴亚保险常务董事）、松尾英里子女士（日离株式会社饮料促销部部长）、宫本和典女士（JA 三井租赁公司执行董事）、滨田一人先生（三井物产人才开发公司人才开发部高级督导）、胜山牧生先生（企业经营管理网代表）等人最早发现"分解技巧、反复演练能力开发培训"的价值，并且提供大力支持。

此外，若非堀切早苗女士（东京海上资产管理公司）的支持，本书无法问世。而且，堀内骏先生（KINZAI 出版社）于本书企划及出版阶段多有帮助，在此一并表示感谢。